Spanish Verbs

Most Essential Verbs Conjugated Through Tenses and Moods

Preface

Learning Spanish verbs may seem like a daunting task, but it doesn't have to be. This book will provide you with more than 200 Spanish verbs that are essential for communicating in Spanish.

What is so difficult about Spanish verbs?

There are a few characteristics that make Spanish verbs difficult to learn. First, Spanish verbs have various different conjugations, depending on the person and number of the subject, as well as the verb tense. Second, Spanish verbs have two different roots: the infinitive root and the past root. The infinitive stem is used to form the infinitive, the present indicative and the preterite perfect. The past root is used to form the preterite, the preterite pluperfect and the imperfect. Third, Spanish verbs have several irregular forms. These irregular forms can be difficult to memorize, but there are patterns that can help you learn them.

How can I learn Spanish verbs?

The best way to learn Spanish verbs is to practice regularly. You can practice conjugating verbs, using them in sentences and hearing them in conversations.

What will you find in this book?

This book is a comprehensive resource for learning the most essential Spanish verbs. It includes conjugations for all three moods (indicative, subjunctive, and imperative), as well as gerunds and participles. Each verb is also translated into English, making it easy to learn and use.

Through this book, you will have the opportunity to acquire a solid knowledge of Spanish verbs, which will help you improve your ability to express yourself accurately and fluently in the language. Hopefully you will find this book useful and that it will help you achieve your Spanish learning goals!

Additional Information

The presented forms in the 3rd person singular are listed for "él" (he), even though they apply also to the feminine and neuter "ella" (she), and usted form, and 3rd person plural forms are listed for "ellos" (they), even though they apply also to the feminine (ellas), and ustedes form.

In this book, the following abbreviations are used:

- pretérito pq.perfecto - Pretérito Plusquamperfecto
- subj.pret.imperfecto - Subjuntivo Pretérito Imperfecto
- subj.pret.perfecto - Subjuntivo Pretérito Perfecto
- subj.pret.pq.perfecto - Subjuntivo Pretérito Plusquamperfecto
- Imperativo afirm./neg. - Imperativo Afirmativo / Imperativo Negativo

abrir to open — abierto/abriendo

	presente	pretérito imperfecto	pretérito indefinido	pretérito perfecto	futuro	condicional presente	subjuntivo presente
yo	abro	abría	abrí	he abierto	abriré	abriría	abra
tú	abres	abrías	abriste	has abierto	abrirás	abrirías	abras
él	abre	abría	abrió	ha abierto	abrirá	abriría	abra
nosotros	abrimos	abríamos	abrimos	hemos abierto	abriremos	abriríamos	abramos
vosotros	abrís	abríais	abristeis	habéis abierto	abriréis	abriríais	abráis
ellos	abren	abrían	abrieron	han abierto	abrirán	abrirían	abran

	pretérito pq.perfecto	subj.pret. imperfecto	subj.pret. perfecto	subj.pret. pq.perfecto	futuro perfecto	condicional compuesto	imperativo afirm./neg.
yo	había abierto	abriera/ abriese	haya abierto	hubiera abierto	habré abierto	habría abierto	
tú	habías abierto	abrieras/ abrieses	hayas abierto	hubieras abierto	habrás abierto	habrías abierto	abre/ no abras
él	había abierto	abriera/ abriese	haya abierto	hubiera abierto	habrá abierto	habría abierto	abra/ no abra
nosotros	habíamos abierto	abriéramos/ abriésemos	hayamos abierto	hubiéramos abierto	habremos abierto	habríamos abierto	abramos/ no abramos
vosotros	habíais abierto	abrierais/ abrieseis	hayáis abierto	hubierais abierto	habréis abierto	habríais abierto	abrid/ no abráis
ellos	habían abierto	abrieran/ abriesen	hayan abierto	hubieran abierto	habrán abierto	habrían abierto	abran/ no abran

Por favor, abre la puerta para que pueda entrar. (Please open the door so I can come in.)

acabar to finish — acabado/acabando

	presente	pretérito imperfecto	pretérito indefinido	pretérito perfecto	futuro	condicional presente	subjuntivo presente
yo	acabo	acababa	acabé	he acabado	acabaré	acabaría	acabe
tú	acabas	acababas	acabaste	has acabado	acabarás	acabarías	acabes
él	acaba	acababa	acabó	ha acabado	acabará	acabaría	acabe
nosotros	acabamos	acabábamos	acabamos	hemos acabado	acabaremos	acabaríamos	acabemos
vosotros	acabáis	acababais	acabasteis	habéis acabado	acabaréis	acabaríais	acabéis
ellos	acaban	acababan	acabaron	han acabado	acabarán	acabarían	acaben

	pretérito pq.perfecto	subj.pret. imperfecto	subj.pret. perfecto	subj.pret. pq.perfecto	futuro perfecto	condicional compuesto	imperativo afirm./neg.
yo	había acabado	acabara/ acabase	haya acabado	hubiera acabado	habré acabado	habría acabado	
tú	habías acabado	acabaras/ acabases	hayas acabado	hubieras acabado	habrás acabado	habrías acabado	acaba/ no acabes
él	había acabado	acabara/ acabase	haya acabado	hubiera acabado	habrá acabado	habría acabado	acabe/ no acabe
nosotros	habíamos acabado	acabáramos/ acabásemos	hayamos acabado	hubiéramos acabado	habremos acabado	habríamos acabado	acabemos/ no acabemos
vosotros	habíais acabado	acabarais/ acabaseis	hayáis acabado	hubierais acabado	habréis acabado	habríais acabado	acabad/ no acabéis
ellos	habían acabado	acabaran/ acabasen	hayan acabado	hubieran acabado	habrán acabado	habrían acabado	acaben/ no acaben

Después de mucho esfuerzo, finalmente logró acabar el proyecto a tiempo. (After much effort, he finally managed to finish the project on time.)

aceptar to accept — aceptado/aceptando

	presente	pretérito imperfecto	pretérito indefinido	pretérito perfecto	futuro	condicional presente	subjuntivo presente
yo	acepto	aceptaba	acepté	he aceptado	aceptaré	aceptaría	acepte
tú	aceptas	aceptabas	aceptaste	has aceptado	aceptarás	aceptarías	aceptes
él	acepta	aceptaba	aceptó	ha aceptado	aceptará	aceptaría	acepte
nosotros	aceptamos	aceptábamos	aceptamos	hemos aceptado	aceptaremos	aceptaríamos	aceptemos
vosotros	aceptáis	aceptabais	aceptasteis	habéis aceptado	aceptaréis	aceptaríais	aceptéis
ellos	aceptan	aceptaban	aceptaron	han aceptado	aceptarán	aceptarían	acepten

	pretérito pq.perfecto	subj.pret. imperfecto	subj.pret. perfecto	subj.pret. pq.perfecto	futuro perfecto	condicional compuesto	imperativo afirm./neg.
yo	había aceptado	aceptara/ aceptase	haya aceptado	hubiera aceptado	habré aceptado	habría aceptado	
tú	habías aceptado	aceptaras/ aceptases	hayas aceptado	hubieras aceptado	habrás aceptado	habrías aceptado	acepta/ no aceptes
él	había aceptado	aceptara/ aceptase	haya aceptado	hubiera aceptado	habrá aceptado	habría aceptado	acepte/ no acepte
nosotros	habíamos aceptado	aceptáramos/ aceptásemos	hayamos aceptado	hubiéramos aceptado	habremos aceptado	habríamos aceptado	aceptemos/ no aceptemos
vosotros	habíais aceptado	aceptarais/ aceptaseis	hayáis aceptado	hubierais aceptado	habréis aceptado	habríais aceptado	aceptad/ no aceptéis
ellos	habían aceptado	aceptaran/ aceptasen	hayan aceptado	hubieran aceptado	habrán aceptado	habrían aceptado	acepten/ no acepten

Aceptó la oferta de trabajo y se fue a vivir a Alicante. (He accepted the job offer and went to live in Alicante.)

acercar to approach — acercado/acercando

	presente	pretérito imperfecto	pretérito indefinido	pretérito perfecto	futuro	condicional presente	subjuntivo presente
yo	acerco	acercaba	acerqué	he acercado	acercaré	acercaría	acerque
tú	acercas	acercabas	acercaste	has acercado	acercarás	acercarías	acerques
él	acerca	acercaba	acercó	ha acercado	acercará	acercaría	acerque
nosotros	acercamos	acercábamos	acercamos	hemos acercado	acercaremos	acercaríamos	acerquemos
vosotros	acercáis	acercabais	acercasteis	habéis acercado	acercaréis	acercaríais	acerquéis
ellos	acercan	acercaban	acercaron	han acercado	acercarán	acercarían	acerquen

	pretérito pq.perfecto	subj.pret. imperfecto	subj.pret. perfecto	subj.pret. pq.perfecto	futuro perfecto	condicional compuesto	imperativo afirm./neg.
yo	había acercado	acercara/ acercase	haya acercado	hubiera acercado	habré acercado	habría acercado	
tú	habías acercado	acercaras/ acercases	hayas acercado	hubieras acercado	habrás acercado	habrías acercado	acerca/ no acerques
él	había acercado	acercara/ acercase	haya acercado	hubiera acercado	habrá acercado	habría acercado	acerque/ no acerque
nosotros	habíamos acercado	acercáramos/ acercásemos	hayamos acercado	hubiéramos acercado	habremos acercado	habríamos acercado	acerquemos/ no acerquemos
vosotros	habíais acercado	acercarais/ acercaseis	hayáis acercado	hubierais acercado	habréis acercado	habríais acercado	acercad/ no acerquéis
ellos	habían acercado	acercaran/ acercasen	hayan acercado	hubieran acercado	habrán acercado	habrían acercado	acerquen/ no acerquen

Me acerqué a saludar a mi amigo que estaba al otro lado de la calle. (I went over to say hello to my friend across the street.)

acompañar to accompany — acompañado/acompañando

	presente	pretérito imperfecto	pretérito indefinido	pretérito perfecto	futuro	condicional presente	subjuntivo presente
yo	acompaño	acompañaba	acompañé	he acompañado	acompañaré	acompañaría	acompañe
tú	acompañas	acompañabas	acompañaste	has acompañado	acompañarás	acompañarías	acompañes
él	acompaña	acompañaba	acompañó	ha acompañado	acompañará	acompañaría	acompañe
nosotros	acompañamos	acompañábamos	acompañamos	hemos acompañado	acompañaremos	acompañaríamos	acompañemos
vosotros	acompañáis	acompañabais	acompañasteis	habéis acompañado	acompañaréis	acompañaríais	acompañéis
ellos	acompañan	acompañaban	acompañaron	han acompañado	acompañarán	acompañarían	acompañen
	pretérito pq.perfecto	subj.pret. imperfecto	subj.pret. perfecto	subj.pret. pq.perfecto	futuro perfecto	condicional compuesto	imperativo afirm./neg.
yo	había acompañado	acompañara/ acompañase	haya acompañado	hubiera acompañado	habré acompañado	habría acompañado	
tú	habías acompañado	acompañaras/ acompañases	hayas acompañado	hubieras acompañado	habrás acompañado	habrías acompañado	acompaña/ no acompañes
él	había acompañado	acompañara/ acompañase	haya acompañado	hubiera acompañado	habrá acompañado	habría acompañado	acompañe/ no acompañe
nosotros	habíamos acompañado	acompañáramos/ acompañásemos	hayamos acompañado	hubiéramos acompañado	habremos acompañado	habríamos acompañado	acompañemos/ no acompañemos
vosotros	habíais acompañado	acompañarais/ acompañaseis	hayáis acompañado	hubierais acompañado	habréis acompañado	habríais acompañado	acompañad/ no acompañéis
ellos	habían acompañado	acompañaran/ acompañasen	hayan acompañado	hubieran acompañado	habrán acompañado	habrían acompañado	acompañen/ no acompañen

Mi hermana me acompañó al concierto de mi banda favorita. (My sister accompanied me to the concert of my favorite band.)

actuar to act — actuado/actuando

	presente	pretérito imperfecto	pretérito indefinido	pretérito perfecto	futuro	condicional presente	subjuntivo presente
yo	actúo	actuaba	actué	he actuado	actuaré	actuaría	actúe
tú	actúas	actuabas	actuaste	has actuado	actuarás	actuarías	actúes
él	actúa	actuaba	actuó	ha actuado	actuará	actuaría	actúe
nosotros	actuamos	actuábamos	actuamos	hemos actuado	actuaremos	actuaríamos	actuemos
vosotros	actuáis	actuabais	actuasteis	habéis actuado	actuaréis	actuaríais	actuéis
ellos	actúan	actuaban	actuaron	han actuado	actuarán	actuarían	actúen
	pretérito pq.perfecto	subj.pret. imperfecto	subj.pret. perfecto	subj.pret. pq.perfecto	futuro perfecto	condicional compuesto	imperativo afirm./neg.
yo	había actuado	actuara/ actuase	haya actuado	hubiera actuado	habré actuado	habría actuado	
tú	habías actuado	actuaras/ actuases	hayas actuado	hubieras actuado	habrás actuado	habrías actuado	actúa/ no actúes
él	había actuado	actuara/ actuase	haya actuado	hubiera actuado	habrá actuado	habría actuado	actúe/ no actúe
nosotros	habíamos actuado	actuáramos/ actuásemos	hayamos actuado	hubiéramos actuado	habremos actuado	habríamos actuado	actuemos/ no actuemos
vosotros	habíais actuado	actuarais/ actuaseis	hayáis actuado	hubierais actuado	habréis actuado	habríais actuado	actuad/ no actuéis
ellos	habían actuado	actuaran/ actuasen	hayan actuado	hubieran actuado	habrán actuado	habrían actuado	actúen/ no actúen

El actor principal hizo un excelente trabajo al actuar en esa película. (The lead actor did an excellent job acting in that movie.)

adquirir to acquire — adquirido/adquiriendo

	presente	pretérito imperfecto	pretérito indefinido	pretérito perfecto	futuro	condicional presente	subjuntivo presente
yo	adquiero	adquiría	adquirí	he adquirido	adquiriré	adquiriría	adquiera
tú	adquieres	adquirías	adquiriste	has adquirido	adquirirás	adquirirías	adquieras
él	adquiere	adquiría	adquirió	ha adquirido	adquirirá	adquiriría	adquiera
nosotros	adquirimos	adquiríamos	adquirimos	hemos adquirido	adquiriremos	adquiriríamos	adquiramos
vosotros	adquirís	adquiríais	adquiristeis	habéis adquirido	adquiriréis	adquiriríais	adquiráis
ellos	adquieren	adquirían	adquirieron	han adquirido	adquirirán	adquirirían	adquieran

	pretérito pq.perfecto	subj.pret. imperfecto	subj.pret. perfecto	subj.pret. pq.perfecto	futuro perfecto	condicional compuesto	imperativo afirm./neg.
yo	había adquirido	adquiriera/ adquiriese	haya adquirido	hubiera adquirido	habré adquirido	habría adquirido	
tú	habías adquirido	adquirieras/ adquirieses	hayas adquirido	hubieras adquirido	habrás adquirido	habrías adquirido	adquiere/ no adquieras
él	había adquirido	adquiriera/ adquiriese	haya adquirido	hubiera adquirido	habrá adquirido	habría adquirido	adquiera/ no adquiera
nosotros	habíamos adquirido	adquiriéramos/ adquiriésemos	hayamos adquirido	hubiéramos adquirido	habremos adquirido	habríamos adquirido	adquiramos/ no adquiramos
vosotros	habíais adquirido	adquirierais/ adquirieseis	hayáis adquirido	hubierais adquirido	habréis adquirido	habríais adquirido	adquirid/ no adquiráis
ellos	habían adquirido	adquirieran/ adquiriesen	hayan adquirido	hubieran adquirido	habrán adquirido	habrían adquirido	adquieran/ no adquieran

Decidí adquirir nuevos conocimientos al inscribirme en un curso de idiomas. (I decided to acquire new knowledge by enrolling in a language course.)

advertir to warn — advertido/advirtiendo

	presente	pretérito imperfecto	pretérito indefinido	pretérito perfecto	futuro	condicional presente	subjuntivo presente
yo	advierto	advertía	advertí	he advertido	advertiré	advertiría	advierta
tú	adviertes	advertías	advertiste	has advertido	advertirás	advertirías	adviertas
él	advierte	advertía	advirtió	ha advertido	advertirá	advertiría	advierta
nosotros	advertimos	advertíamos	advertimos	hemos advertido	advertiremos	advertiríamos	advirtamos
vosotros	advertís	advertíais	advertisteis	habéis advertido	advertiréis	advertiríais	advirtáis
ellos	advierten	advertían	advirtieron	han advertido	advertirán	advertirían	adviertan

	pretérito pq.perfecto	subj.pret. imperfecto	subj.pret. perfecto	subj.pret. pq.perfecto	futuro perfecto	condicional compuesto	imperativo afirm./neg.
yo	había advertido	advirtiera/ advirtiese	haya advertido	hubiera advertido	habré advertido	habría advertido	
tú	habías advertido	advirtieras/ advirtieses	hayas advertido	hubieras advertido	habrás advertido	habrías advertido	advierte/ no adviertas
él	había advertido	advirtiera/ advirtiese	haya advertido	hubiera advertido	habrá advertido	habría advertido	advierta/ no advierta
nosotros	habíamos advertido	advirtiéramos/ advirtiésemos	hayamos advertido	hubiéramos advertido	habremos advertido	habríamos advertido	advirtamos/ no advirtamos
vosotros	habíais advertido	advirtierais/ advirtieseis	hayáis advertido	hubierais advertido	habréis advertido	habríais advertido	advertid/ no advirtáis
ellos	habían advertido	advirtieran/ advirtiesen	hayan advertido	hubieran advertido	habrán advertido	habrían advertido	adviertan/ no adviertan

Quiero advertirte que esa ruta puede estar congestionada a esta hora del día. (I want to warn you that route may be congested at this time of day.)

afectar to affect — afectado/afectando

	presente	pretérito imperfecto	pretérito indefinido	pretérito perfecto	futuro	condicional presente	subjuntivo presente
yo	afecto	afectaba	afecté	he afectado	afectaré	afectaría	afecte
tú	afectas	afectabas	afectaste	has afectado	afectarás	afectarías	afectes
él	afecta	afectaba	afectó	ha afectado	afectará	afectaría	afecte
nosotros	afectamos	afectábamos	afectamos	hemos afectado	afectaremos	afectaríamos	afectemos
vosotros	afectáis	afectabais	afectasteis	habéis afectado	afectaréis	afectaríais	afectéis
ellos	afectan	afectaban	afectaron	han afectado	afectarán	afectarían	afecten
	pretérito pq.perfecto	subj.pret. imperfecto	subj.pret. perfecto	subj.pret. pq.perfecto	futuro perfecto	condicional compuesto	imperativo afirm./neg.
yo	había afectado	afectara/ afectase	haya afectado	hubiera afectado	habré afectado	habría afectado	
tú	habías afectado	afectaras/ afectases	hayas afectado	hubieras afectado	habrás afectado	habrías afectado	afecta/ no afectes
él	había afectado	afectara/ afectase	haya afectado	hubiera afectado	habrá afectado	habría afectado	afecte/ no afecte
nosotros	habíamos afectado	afectáramos/ afectásemos	hayamos afectado	hubiéramos afectado	habremos afectado	habríamos afectado	afectemos/ no afectemos
vosotros	habíais afectado	afectarais/ afectaseis	hayáis afectado	hubierais afectado	habréis afectado	habríais afectado	afectad/ no afectéis
ellos	habían afectado	afectaran/ afectasen	hayan afectado	hubieran afectado	habrán afectado	habrían afectado	afecten/ no afecten

La noticia del despido masivo afectó a todos los empleados de la empresa. (The news of the mass layoff affected everyone in the company.)

afirmar to affirm — afirmado/afirmando

	presente	pretérito imperfecto	pretérito indefinido	pretérito perfecto	futuro	condicional presente	subjuntivo presente
yo	afirmo	afirmaba	afirmé	he afirmado	afirmaré	afirmaría	afirme
tú	afirmas	afirmabas	afirmaste	has afirmado	afirmarás	afirmarías	afirmes
él	afirma	afirmaba	afirmó	ha afirmado	afirmará	afirmaría	afirme
nosotros	afirmamos	afirmábamos	afirmamos	hemos afirmado	afirmaremos	afirmaríamos	afirmemos
vosotros	afirmáis	afirmabais	afirmasteis	habéis afirmado	afirmaréis	afirmaríais	afirméis
ellos	afirman	afirmaban	afirmaron	han afirmado	afirmarán	afirmarían	afirmen
	pretérito pq.perfecto	subj.pret. imperfecto	subj.pret. perfecto	subj.pret. pq.perfecto	futuro perfecto	condicional compuesto	imperativo afirm./neg.
yo	había afirmado	afirmara/ afirmase	haya afirmado	hubiera afirmado	habré afirmado	habría afirmado	
tú	habías afirmado	afirmaras/ afirmases	hayas afirmado	hubieras afirmado	habrás afirmado	habrías afirmado	afirma/ no afirmes
él	había afirmado	afirmara/ afirmase	haya afirmado	hubiera afirmado	habrá afirmado	habría afirmado	afirme/ no afirme
nosotros	habíamos afirmado	afirmáramos/ afirmásemos	hayamos afirmado	hubiéramos afirmado	habremos afirmado	habríamos afirmado	afirmemos/ no afirmemos
vosotros	habíais afirmado	afirmarais/ afirmaseis	hayáis afirmado	hubierais afirmado	habréis afirmado	habríais afirmado	afirmad/ no afirméis
ellos	habían afirmado	afirmaran/ afirmasen	hayan afirmado	hubieran afirmado	habrán afirmado	habrían afirmado	afirmen/ no afirmen

El científico afirmó que había descubierto una cura para la enfermedad. (The scientist claimed that he had discovered a cure for the disease.)

agregar to add — agregado/agregando

	presente	pretérito imperfecto	pretérito indefinido	pretérito perfecto	futuro	condicional presente	subjuntivo presente
yo	agrego	agregaba	agregué	he agregado	agregaré	agregaría	agregue
tú	agregas	agregabas	agregaste	has agregado	agregarás	agregarías	agregues
él	agrega	agregaba	agregó	ha agregado	agregará	agregaría	agregue
nosotros	agregamos	agregábamos	agregamos	hemos agregado	agregaremos	agregaríamos	agreguemos
vosotros	agregáis	agregabais	agregasteis	habéis agregado	agregaréis	agregaríais	agreguéis
ellos	agregan	agregaban	agregaron	han agregado	agregarán	agregarían	agreguen

	pretérito pq.perfecto	subj.pret. imperfecto	subj.pret. perfecto	subj.pret. pq.perfecto	futuro perfecto	condicional compuesto	imperativo afirm./neg.
yo	había agregado	agregara/ agregase	haya agregado	hubiera agregado	habré agregado	habría agregado	
tú	habías agregado	agregaras/ agregases	hayas agregado	hubieras agregado	habrás agregado	habrías agregado	agrega/ no agregues
él	había agregado	agregara/ agregase	haya agregado	hubiera agregado	habrá agregado	habría agregado	agregue/ no agregue
nosotros	habíamos agregado	agregáramos/ agregásemos	hayamos agregado	hubiéramos agregado	habremos agregado	habríamos agregado	agreguemos/ no agreguemos
vosotros	habíais agregado	agregarais/ agregaseis	hayáis agregado	hubierais agregado	habréis agregado	habríais agregado	agregad/ no agreguéis
ellos	habían agregado	agregaran/ agregasen	hayan agregado	hubieran agregado	habrán agregado	habrían agregado	agreguen/ no agreguen

Por favor, agrega más sal a la sopa para que tenga más sabor. (Please add more salt to the soup to make it taste better.)

alcanzar to reach — alcanzado/alcanzando

	presente	pretérito imperfecto	pretérito indefinido	pretérito perfecto	futuro	condicional presente	subjuntivo presente
yo	alcanzo	alcanzaba	alcancé	he alcanzado	alcanzaré	alcanzaría	alcance
tú	alcanzas	alcanzabas	alcanzaste	has alcanzado	alcanzarás	alcanzarías	alcances
él	alcanza	alcanzaba	alcanzó	ha alcanzado	alcanzará	alcanzaría	alcance
nosotros	alcanzamos	alcanzábamos	alcanzamos	hemos alcanzado	alcanzaremos	alcanzaríamos	alcancemos
vosotros	alcanzáis	alcanzabais	alcanzasteis	habéis alcanzado	alcanzaréis	alcanzaríais	alcancéis
ellos	alcanzan	alcanzaban	alcanzaron	han alcanzado	alcanzarán	alcanzarían	alcancen

	pretérito pq.perfecto	subj.pret. imperfecto	subj.pret. perfecto	subj.pret. pq.perfecto	futuro perfecto	condicional compuesto	imperativo afirm./neg.
yo	había alcanzado	alcanzara/ alcanzase	haya alcanzado	hubiera alcanzado	habré alcanzado	habría alcanzado	
tú	habías alcanzado	alcanzaras/ alcanzases	hayas alcanzado	hubieras alcanzado	habrás alcanzado	habrías alcanzado	alcanza/ no alcances
él	había alcanzado	alcanzara/ alcanzase	haya alcanzado	hubiera alcanzado	habrá alcanzado	habría alcanzado	alcance/ no alcance
nosotros	habíamos alcanzado	alcanzáramos/ alcanzásemos	hayamos alcanzado	hubiéramos alcanzado	habremos alcanzado	habríamos alcanzado	alcancemos/ no alcancemos
vosotros	habíais alcanzado	alcanzarais/ alcanzaseis	hayáis alcanzado	hubierais alcanzado	habréis alcanzado	habríais alcanzado	alcanzad/ no alcancéis
ellos	habían alcanzado	alcanzaran/ alcanzasen	hayan alcanzado	hubieran alcanzado	habrán alcanzado	habrían alcanzado	alcancen/ no alcancen

¿Puedes alcanzar ese libro en la estantería más alta? (Can you pick up the book on the top shelf?)

añadir to add — añadido/añadiendo

	presente	pretérito imperfecto	pretérito indefinido	pretérito perfecto	futuro	condicional presente	subjuntivo presente
yo	añado	añadía	añadí	he añadido	añadiré	añadiría	añada
tú	añades	añadías	añadiste	has añadido	añadirás	añadirías	añadas
él	añade	añadía	añadió	ha añadido	añadirá	añadiría	añada
nosotros	añadimos	añadíamos	añadimos	hemos añadido	añadiremos	añadiríamos	añadamos
vosotros	añadís	añadíais	añadisteis	habéis añadido	añadiréis	añadiríais	añadáis
ellos	añaden	añadían	añadieron	han añadido	añadirán	añadirían	añadan

	pretérito pq.perfecto	subj.pret. imperfecto	subj.pret. perfecto	subj.pret. pq.perfecto	futuro perfecto	condicional compuesto	imperativo afirm./neg.
yo	había añadido	añadiera/añadiese	haya añadido	hubiera añadido	habré añadido	habría añadido	
tú	habías añadido	añadieras/añadieses	hayas añadido	hubieras añadido	habrás añadido	habrías añadido	añade/no añadas
él	había añadido	añadiera/añadiese	haya añadido	hubiera añadido	habrá añadido	habría añadido	añada/no añada
nosotros	habíamos añadido	añadiéramos/añadiésemos	hayamos añadido	hubiéramos añadido	habremos añadido	habríamos añadido	añadamos/no añadamos
vosotros	habíais añadido	añadierais/añadieseis	hayáis añadido	hubierais añadido	habréis añadido	habríais añadido	añadid/no añadáis
ellos	habían añadido	añadieran/añadiesen	hayan añadido	hubieran añadido	habrán añadido	habrían añadido	añadan/no añadan

Antes de enviar el correo, asegúrate de añadir el archivo adjunto. (Before you send the mail, be sure to add the attachment.)

andar to walk — andado/andando

	presente	pretérito imperfecto	pretérito indefinido	pretérito perfecto	futuro	condicional presente	subjuntivo presente
yo	ando	andaba	anduve	he andado	andaré	andaría	ande
tú	andas	andabas	anduviste	has andado	andarás	andarías	andes
él	anda	andaba	anduvo	ha andado	andará	andaría	ande
nosotros	andamos	andábamos	anduvimos	hemos andado	andaremos	andaríamos	andemos
vosotros	andáis	andabais	anduvisteis	habéis andado	andaréis	andaríais	andéis
ellos	andan	andaban	anduvieron	han andado	andarán	andarían	anden

	pretérito pq.perfecto	subj.pret. imperfecto	subj.pret. perfecto	subj.pret. pq.perfecto	futuro perfecto	condicional compuesto	imperativo afirm./neg.
yo	había andado	anduviera/anduviese	haya andado	hubiera andado	habré andado	habría andado	
tú	habías andado	anduvieras/anduvieses	hayas andado	hubieras andado	habrás andado	habrías andado	anda/no andes
él	había andado	anduviera/anduviese	haya andado	hubiera andado	habrá andado	habría andado	ande/no ande
nosotros	habíamos andado	anduviéramos/anduviésemos	hayamos andado	hubiéramos andado	habremos andado	habríamos andado	andemos/no andemos
vosotros	habíais andado	anduvierais/anduvieseis	hayáis andado	hubierais andado	habréis andado	habríais andado	andad/no andéis
ellos	habían andado	anduvieran/anduviesen	hayan andado	hubieran andado	habrán andado	habrían andado	anden/no anden

Me gusta andar en bicicleta por el parque los fines de semana. (I like to go for bike rides in the park on the weekends.)

anunciar to announce — anunciado/anunciando

	presente	pretérito imperfecto	pretérito indefinido	pretérito perfecto	futuro	condicional presente	subjuntivo presente
yo	anuncio	anunciaba	anuncié	he anunciado	anunciaré	anunciaría	anuncie
tú	anuncias	anunciabas	anunciaste	has anunciado	anunciarás	anunciarías	anuncies
él	anuncia	anunciaba	anunció	ha anunciado	anunciará	anunciaría	anuncie
nosotros	anunciamos	anunciábamos	anunciamos	hemos anunciado	anunciaremos	anunciaríamos	anunciemos
vosotros	anunciáis	anunciabais	anunciasteis	habéis anunciado	anunciaréis	anunciaríais	anunciéis
ellos	anuncian	anunciaban	anunciaron	han anunciado	anunciarán	anunciarían	anuncien

	pretérito pq.perfecto	subj.pret. imperfecto	subj.pret. perfecto	subj.pret. pq.perfecto	futuro perfecto	condicional compuesto	imperativo afirm./neg.
yo	había anunciado	anunciara/ anunciase	haya anunciado	hubiera anunciado	habré anunciado	habría anunciado	
tú	habías anunciado	anunciaras/ anunciases	hayas anunciado	hubieras anunciado	habrás anunciado	habrías anunciado	anuncia/ no anuncies
él	había anunciado	anunciara/ anunciase	haya anunciado	hubiera anunciado	habrá anunciado	habría anunciado	anuncie/ no anuncie
nosotros	habíamos anunciado	anunciáramos/ anunciásemos	hayamos anunciado	hubiéramos anunciado	habremos anunciado	habríamos anunciado	anunciemos/ no anunciemos
vosotros	habíais anunciado	anunciarais/ anunciaseis	hayáis anunciado	hubierais anunciado	habréis anunciado	habríais anunciado	anunciad/ no anunciéis
ellos	habían anunciado	anunciaran/ anunciasen	hayan anunciado	hubieran anunciado	habrán anunciado	habrían anunciado	anuncien/ no anuncien

El presentador del programa anunció que habría un invitado especial. (The program host announced that there would be a special guest.)

aparecer to appear — aparecido/apareciendo

	presente	pretérito imperfecto	pretérito indefinido	pretérito perfecto	futuro	condicional presente	subjuntivo presente
yo	aparezco	aparecía	aparecí	he aparecido	apareceré	aparecería	aparezca
tú	apareces	aparecías	apareciste	has aparecido	aparecerás	aparecerías	aparezcas
él	aparece	aparecía	apareció	ha aparecido	aparecerá	aparecería	aparezca
nosotros	aparecemos	aparecíamos	aparecimos	hemos aparecido	apareceremos	apareceríamos	aparezcamos
vosotros	aparecéis	aparecíais	aparecisteis	habéis aparecido	apareceréis	apareceríais	aparezcáis
ellos	aparecen	aparecían	aparecieron	han aparecido	aparecerán	aparecerían	aparezcan

	pretérito pq.perfecto	subj.pret. imperfecto	subj.pret. perfecto	subj.pret. pq.perfecto	futuro perfecto	condicional compuesto	imperativo afirm./neg.
yo	había aparecido	apareciera/ apareciese	haya aparecido	hubiera aparecido	habré aparecido	habría aparecido	
tú	habías aparecido	aparecieras/ aparecieses	hayas aparecido	hubieras aparecido	habrás aparecido	habrías aparecido	aparece/ no aparezcas
él	había aparecido	apareciera/ apareciese	haya aparecido	hubiera aparecido	habrá aparecido	habría aparecido	aparezca/ no aparezca
nosotros	habíamos aparecido	apareciéramos/ apareciésemos	hayamos aparecido	hubiéramos aparecido	habremos aparecido	habríamos aparecido	aparezcamos/ no aparezcamos
vosotros	habíais aparecido	aparecierais/ aparecieseis	hayáis aparecido	hubierais aparecido	habréis aparecido	habríais aparecido	apareced/ no aparezcáis
ellos	habían aparecido	aparecieran/ apareciesen	hayan aparecido	hubieran aparecido	habrán aparecido	habrían aparecido	aparezcan/ no aparezcan

El actor principal apareció en escena y recibió una ovación de pie. (The main actor appeared on stage and received a standing ovation.)

aplicar to apply · aplicado/aplicando

	presente	pretérito imperfecto	pretérito indefinido	pretérito perfecto	futuro	condicional presente	subjuntivo presente
yo	aplico	aplicaba	apliqué	he aplicado	aplicaré	aplicaría	aplique
tú	aplicas	aplicabas	aplicaste	has aplicado	aplicarás	aplicarías	apliques
él	aplica	aplicaba	aplicó	ha aplicado	aplicará	aplicaría	aplique
nosotros	aplicamos	aplicábamos	aplicamos	hemos aplicado	aplicaremos	aplicaríamos	apliquemos
vosotros	aplicáis	aplicabais	aplicasteis	habéis aplicado	aplicaréis	aplicaríais	apliquéis
ellos	aplican	aplicaban	aplicaron	han aplicado	aplicarán	aplicarían	apliquen

	pretérito pq.perfecto	subj.pret. imperfecto	subj.pret. perfecto	subj.pret. pq.perfecto	futuro perfecto	condicional compuesto	imperativo afirm./neg.
yo	había aplicado	aplicara/ aplicase	haya aplicado	hubiera aplicado	habré aplicado	habría aplicado	
tú	habías aplicado	aplicaras/ aplicases	hayas aplicado	hubieras aplicado	habrás aplicado	habrías aplicado	aplica/ no apliques
él	había aplicado	aplicara/ aplicase	haya aplicado	hubiera aplicado	habrá aplicado	habría aplicado	aplique/ no aplique
nosotros	habíamos aplicado	aplicáramos/ aplicásemos	hayamos aplicado	hubiéramos aplicado	habremos aplicado	habríamos aplicado	apliquemos/ no apliquemos
vosotros	habíais aplicado	aplicarais/ aplicaseis	hayáis aplicado	hubierais aplicado	habréis aplicado	habríais aplicado	aplicad/ no apliquéis
ellos	habían aplicado	aplicaran/ aplicasen	hayan aplicado	hubieran aplicado	habrán aplicado	habrían aplicado	apliquen/ no apliquen

Debes aplicar crema solar antes de ir a la playa para proteger tu piel. (You should apply sunscreen before going to the beach to protect your skin.)

apoyar to support · apoyado/apoyando

	presente	pretérito imperfecto	pretérito indefinido	pretérito perfecto	futuro	condicional presente	subjuntivo presente
yo	apoyo	apoyaba	apoyé	he apoyado	apoyaré	apoyaría	apoye
tú	apoyas	apoyabas	apoyaste	has apoyado	apoyarás	apoyarías	apoyes
él	apoya	apoyaba	apoyó	ha apoyado	apoyará	apoyaría	apoye
nosotros	apoyamos	apoyábamos	apoyamos	hemos apoyado	apoyaremos	apoyaríamos	apoyemos
vosotros	apoyáis	apoyabais	apoyasteis	habéis apoyado	apoyaréis	apoyaríais	apoyéis
ellos	apoyan	apoyaban	apoyaron	han apoyado	apoyarán	apoyarían	apoyen

	pretérito pq.perfecto	subj.pret. imperfecto	subj.pret. perfecto	subj.pret. pq.perfecto	futuro perfecto	condicional compuesto	imperativo afirm./neg.
yo	había apoyado	apoyara/ apoyase	haya apoyado	hubiera apoyado	habré apoyado	habría apoyado	
tú	habías apoyado	apoyaras/ apoyases	hayas apoyado	hubieras apoyado	habrás apoyado	habrías apoyado	apoya/ no apoyes
él	había apoyado	apoyara/ apoyase	haya apoyado	hubiera apoyado	habrá apoyado	habría apoyado	apoye/ no apoye
nosotros	habíamos apoyado	apoyáramos/ apoyásemos	hayamos apoyado	hubiéramos apoyado	habremos apoyado	habríamos apoyado	apoyemos/ no apoyemos
vosotros	habíais apoyado	apoyarais/ apoyaseis	hayáis apoyado	hubierais apoyado	habréis apoyado	habríais apoyado	apoyad/ no apoyéis
ellos	habían apoyado	apoyaran/ apoyasen	hayan apoyado	hubieran apoyado	habrán apoyado	habrían apoyado	apoyen/ no apoyen

Siempre estaré ahí para apoyarte en los momentos difíciles. (I will always be there to support you in difficult moments.)

asegurar to ensure — asegurado/asegurando

	presente	pretérito imperfecto	pretérito indefinido	pretérito perfecto	futuro	condicional presente	subjuntivo presente
yo	aseguro	aseguraba	aseguré	he asegurado	aseguraré	aseguraría	asegure
tú	aseguras	asegurabas	aseguraste	has asegurado	asegurarás	asegurarías	asegures
él	asegura	aseguraba	aseguró	ha asegurado	asegurará	aseguraría	asegure
nosotros	aseguramos	asegurábamos	aseguramos	hemos asegurado	aseguraremos	aseguraríamos	aseguremos
vosotros	aseguráis	asegurabais	asegurasteis	habéis asegurado	aseguraréis	aseguraríais	aseguréis
ellos	aseguran	aseguraban	aseguraron	han asegurado	asegurarán	asegurarían	aseguren

	pretérito pq.perfecto	subj.pret. imperfecto	subj.pret. perfecto	subj.pret. pq.perfecto	futuro perfecto	condicional compuesto	imperativo afirm./neg.
yo	había asegurado	asegurara/ asegurase	haya asegurado	hubiera asegurado	habré asegurado	habría asegurado	
tú	habías asegurado	aseguraras/ asegurases	hayas asegurado	hubieras asegurado	habrás asegurado	habrías asegurado	asegura/ no asegures
él	había asegurado	asegurara/ asegurase	haya asegurado	hubiera asegurado	habrá asegurado	habría asegurado	asegure/ no asegure
nosotros	habíamos asegurado	aseguráramos/ asegurásemos	hayamos asegurado	hubiéramos asegurado	habremos asegurado	habríamos asegurado	aseguremos/ no aseguremos
vosotros	habíais asegurado	asegurarais/ aseguraseis	hayáis asegurado	hubierais asegurado	habréis asegurado	habríais asegurado	asegurad/ no aseguréis
ellos	habían asegurado	aseguraran/ asegurasen	hayan asegurado	hubieran asegurado	habrán asegurado	habrían asegurado	aseguren/ no aseguren

El vendedor me aseguró que el producto tenía garantía de por vida. (The salesman assured me that the product had a lifetime warranty.)

aumentar to increase — aumentado/aumentando

	presente	pretérito imperfecto	pretérito indefinido	pretérito perfecto	futuro	condicional presente	subjuntivo presente
yo	aumento	aumentaba	aumenté	he aumentado	aumentaré	aumentaría	aumente
tú	aumentas	aumentabas	aumentaste	has aumentado	aumentarás	aumentarías	aumentes
él	aumenta	aumentaba	aumentó	ha aumentado	aumentará	aumentaría	aumente
nosotros	aumentamos	aumentábamos	aumentamos	hemos aumentado	aumentaremos	aumentaríamos	aumentemos
vosotros	aumentáis	aumentabais	aumentasteis	habéis aumentado	aumentaréis	aumentaríais	aumentéis
ellos	aumentan	aumentaban	aumentaron	han aumentado	aumentarán	aumentarían	aumenten

	pretérito pq.perfecto	subj.pret. imperfecto	subj.pret. perfecto	subj.pret. pq.perfecto	futuro perfecto	condicional compuesto	imperativo afirm./neg.
yo	había aumentado	aumentara/ aumentase	haya aumentado	hubiera aumentado	habré aumentado	habría aumentado	
tú	habías aumentado	aumentaras/ aumentases	hayas aumentado	hubieras aumentado	habrás aumentado	habrías aumentado	aumenta/ no aumentes
él	había aumentado	aumentara/ aumentase	haya aumentado	hubiera aumentado	habrá aumentado	habría aumentado	aumente/ no aumente
nosotros	habíamos aumentado	aumentáramos/ aumentásemos	hayamos aumentado	hubiéramos aumentado	habremos aumentado	habríamos aumentado	aumentemos/ no aumentemos
vosotros	habíais aumentado	aumentarais/ aumentaseis	hayáis aumentado	hubierais aumentado	habréis aumentado	habríais aumentado	aumentad/ no aumentéis
ellos	habían aumentado	aumentaran/ aumentasen	hayan aumentado	hubieran aumentado	habrán aumentado	habrían aumentado	aumenten/ no aumenten

El precio de la gasolina ha aumentado significativamente en los últimos meses. (The price of gasoline has increased significantly in the last few months.)

ayudar to help — ayudado/ayudando

	presente	pretérito imperfecto	pretérito indefinido	pretérito perfecto	futuro	condicional presente	subjuntivo presente
yo	ayudo	ayudaba	ayudé	he ayudado	ayudaré	ayudaría	ayude
tú	ayudas	ayudabas	ayudaste	has ayudado	ayudarás	ayudarías	ayudes
él	ayuda	ayudaba	ayudó	ha ayudado	ayudará	ayudaría	ayude
nosotros	ayudamos	ayudábamos	ayudamos	hemos ayudado	ayudaremos	ayudaríamos	ayudemos
vosotros	ayudáis	ayudabais	ayudasteis	habéis ayudado	ayudaréis	ayudaríais	ayudéis
ellos	ayudan	ayudaban	ayudaron	han ayudado	ayudarán	ayudarían	ayuden

	pretérito pq.perfecto	subj.pret. imperfecto	subj.pret. perfecto	subj.pret. pq.perfecto	futuro perfecto	condicional compuesto	imperativo afirm./neg.
yo	había ayudado	ayudara/ ayudase	haya ayudado	hubiera ayudado	habré ayudado	habría ayudado	
tú	habías ayudado	ayudaras/ ayudases	hayas ayudado	hubieras ayudado	habrás ayudado	habrías ayudado	ayuda/ no ayudes
él	había ayudado	ayudara/ ayudase	haya ayudado	hubiera ayudado	habrá ayudado	habría ayudado	ayude/ no ayude
nosotros	habíamos ayudado	ayudáramos/ ayudásemos	hayamos ayudado	hubiéramos ayudado	habremos ayudado	habríamos ayudado	ayudemos/ no ayudemos
vosotros	habíais ayudado	ayudarais/ ayudaseis	hayáis ayudado	hubierais ayudado	habréis ayudado	habríais ayudado	ayudad/ no ayudéis
ellos	habían ayudado	ayudaran/ ayudasen	hayan ayudado	hubieran ayudado	habrán ayudado	habrían ayudado	ayuden/ no ayuden

Mi hermana me ayudó a limpiar la casa antes de la fiesta. (My sister helped me clean the house before the party.)

bajar to lower/to get out — bajado/bajando

	presente	pretérito imperfecto	pretérito indefinido	pretérito perfecto	futuro	condicional presente	subjuntivo presente
yo	bajo	bajaba	bajé	he bajado	bajaré	bajaría	baje
tú	bajas	bajabas	bajaste	has bajado	bajarás	bajarías	bajes
él	baja	bajaba	bajó	ha bajado	bajará	bajaría	baje
nosotros	bajamos	bajábamos	bajamos	hemos bajado	bajaremos	bajaríamos	bajemos
vosotros	bajáis	bajabais	bajasteis	habéis bajado	bajaréis	bajaríais	bajéis
ellos	bajan	bajaban	bajaron	han bajado	bajarán	bajarían	bajen

	pretérito pq.perfecto	subj.pret. imperfecto	subj.pret. perfecto	subj.pret. pq.perfecto	futuro perfecto	condicional compuesto	imperativo afirm./neg.
yo	había bajado	bajara/ bajase	haya bajado	hubiera bajado	habré bajado	habría bajado	
tú	habías bajado	bajaras/ bajases	hayas bajado	hubieras bajado	habrás bajado	habrías bajado	baja/ no bajes
él	había bajado	bajara/ bajase	haya bajado	hubiera bajado	habrá bajado	habría bajado	baje/ no baje
nosotros	habíamos bajado	bajáramos/ bajásemos	hayamos bajado	hubiéramos bajado	habremos bajado	habríamos bajado	bajemos/ no bajemos
vosotros	habíais bajado	bajarais/ bajaseis	hayáis bajado	hubierais bajado	habréis bajado	habríais bajado	bajad/ no bajéis
ellos	habían bajado	bajaran/ bajasen	hayan bajado	hubieran bajado	habrán bajado	habrían bajado	bajen/ no bajen

Por favor, baja el volumen de la música, está muy alto. (Please turn down the music, it's too loud.)

buscar to search — buscado/buscando

	presente	pretérito imperfecto	pretérito indefinido	pretérito perfecto	futuro	condicional presente	subjuntivo presente
yo	busco	buscaba	busqué	he buscado	buscaré	buscaría	busque
tú	buscas	buscabas	buscaste	has buscado	buscarás	buscarías	busques
él	busca	buscaba	buscó	ha buscado	buscará	buscaría	busque
nosotros	buscamos	buscábamos	buscamos	hemos buscado	buscaremos	buscaríamos	busquemos
vosotros	buscáis	buscabais	buscasteis	habéis buscado	buscaréis	buscaríais	busquéis
ellos	buscan	buscaban	buscaron	han buscado	buscarán	buscarían	busquen

	pretérito pq.perfecto	subj.pret. imperfecto	subj.pret. perfecto	subj.pret. pq.perfecto	futuro perfecto	condicional compuesto	imperativo afirm./neg.
yo	había buscado	buscara/ buscase	haya buscado	hubiera buscado	habré buscado	habría buscado	
tú	habías buscado	buscaras/ buscases	hayas buscado	hubieras buscado	habrás buscado	habrías buscado	busca/ no busques
él	había buscado	buscara/ buscase	haya buscado	hubiera buscado	habrá buscado	habría buscado	busque/ no busque
nosotros	habíamos buscado	buscáramos/ buscásemos	hayamos buscado	hubiéramos buscado	habremos buscado	habríamos buscado	busquemos/ no busquemos
vosotros	habíais buscado	buscarais/ buscaseis	hayáis buscado	hubierais buscado	habréis buscado	habríais buscado	buscad/ no busquéis
ellos	habían buscado	buscaran/ buscasen	hayan buscado	hubieran buscado	habrán buscado	habrían buscado	busquen/ no busquen

Salí a buscar mi libro y lo encontré en la biblioteca. (I went out to get my book and found it in the library.)

caer to fall — caído/cayendo

	presente	pretérito imperfecto	pretérito indefinido	pretérito perfecto	futuro	condicional presente	subjuntivo presente
yo	caigo	caía	caí	he caído	caeré	caería	caiga
tú	caes	caías	caíste	has caído	caerás	caerías	caigas
él	cae	caía	cayó	ha caído	caerá	caería	caiga
nosotros	caemos	caíamos	caímos	hemos caído	caeremos	caeríamos	caigamos
vosotros	caéis	caíais	caísteis	habéis caído	caeréis	caeríais	caigáis
ellos	caen	caían	cayeron	han caído	caerán	caerían	caigan

	pretérito pq.perfecto	subj.pret. imperfecto	subj.pret. perfecto	subj.pret. pq.perfecto	futuro perfecto	condicional compuesto	imperativo afirm./neg.
yo	había caído	cayera/ cayese	haya caído	hubiera caído	habré caído	habría caído	
tú	habías caído	cayeras/ cayeses	hayas caído	hubieras caído	habrás caído	habrías caído	cae/ no caigas
él	había caído	cayera/ cayese	haya caído	hubiera caído	habrá caído	habría caído	caiga/ no caiga
nosotros	habíamos caído	cayéramos/ cayésemos	hayamos caído	hubiéramos caído	habremos caído	habríamos caído	caigamos/ no caigamos
vosotros	habíais caído	cayerais/ cayeseis	hayáis caído	hubierais caído	habréis caído	habríais caído	caed/ no caigáis
ellos	habían caído	cayeran/ cayesen	hayan caído	hubieran caído	habrán caído	habrían caído	caigan/ no caigan

El niño se tropezó y cayó al suelo, pero no se lastimó. (The boy tripped and fell on the floor, but he was not hurt.)

cambiar — to change — cambiado/cambiando

	presente	pretérito imperfecto	pretérito indefinido	pretérito perfecto	futuro	condicional presente	subjuntivo presente
yo	cambio	cambiaba	cambié	he cambiado	cambiaré	cambiaría	cambie
tú	cambias	cambiabas	cambiaste	has cambiado	cambiarás	cambiarías	cambies
él	cambia	cambiaba	cambió	ha cambiado	cambiará	cambiaría	cambie
nosotros	cambiamos	cambiábamos	cambiamos	hemos cambiado	cambiaremos	cambiaríamos	cambiemos
vosotros	cambiáis	cambiabais	cambiasteis	habéis cambiado	cambiaréis	cambiaríais	cambiéis
ellos	cambian	cambiaban	cambiaron	han cambiado	cambiarán	cambiarían	cambien

	pretérito pq.perfecto	subj.pret. imperfecto	subj.pret. perfecto	subj.pret. pq.perfecto	futuro perfecto	condicional compuesto	imperativo afirm./neg.
yo	había cambiado	cambiara/ cambiase	haya cambiado	hubiera cambiado	habré cambiado	habría cambiado	
tú	habías cambiado	cambiaras/ cambiases	hayas cambiado	hubieras cambiado	habrás cambiado	habrías cambiado	cambia/ no cambies
él	había cambiado	cambiara/ cambiase	haya cambiado	hubiera cambiado	habrá cambiado	habría cambiado	cambie/ no cambie
nosotros	habíamos cambiado	cambiáramos/ cambiásemos	hayamos cambiado	hubiéramos cambiado	habremos cambiado	habríamos cambiado	cambiemos/ no cambiemos
vosotros	habíais cambiado	cambiarais/ cambiaseis	hayáis cambiado	hubierais cambiado	habréis cambiado	habríais cambiado	cambiad/ no cambiéis
ellos	habían cambiado	cambiaran/ cambiasen	hayan cambiado	hubieran cambiado	habrán cambiado	habrían cambiado	cambien/ no cambien

Decidí cambiar mi estilo de vida y comenzar a hacer ejercicio regularmente. (I decided to change my lifestyle and start exercising regularly.)

celebrar — to celebrate — celebrado/celebrando

	presente	pretérito imperfecto	pretérito indefinido	pretérito perfecto	futuro	condicional presente	subjuntivo presente
yo	celebro	celebraba	celebré	he celebrado	celebraré	celebraría	celebre
tú	celebras	celebrabas	celebraste	has celebrado	celebrarás	celebrarías	celebres
él	celebra	celebraba	celebró	ha celebrado	celebrará	celebraría	celebre
nosotros	celebramos	celebrábamos	celebramos	hemos celebrado	celebraremos	celebraríamos	celebremos
vosotros	celebráis	celebrabais	celebrasteis	habéis celebrado	celebraréis	celebraríais	celebréis
ellos	celebran	celebraban	celebraron	han celebrado	celebrarán	celebrarían	celebren

	pretérito pq.perfecto	subj.pret. imperfecto	subj.pret. perfecto	subj.pret. pq.perfecto	futuro perfecto	condicional compuesto	imperativo afirm./neg.
yo	había celebrado	celebrara/ celebrase	haya celebrado	hubiera celebrado	habré celebrado	habría celebrado	
tú	habías celebrado	celebraras/ celebrases	hayas celebrado	hubieras celebrado	habrás celebrado	habrías celebrado	celebra/ no celebres
él	había celebrado	celebrara/ celebrase	haya celebrado	hubiera celebrado	habrá celebrado	habría celebrado	celebre/ no celebre
nosotros	habíamos celebrado	celebráramos/ celebrásemos	hayamos celebrado	hubiéramos celebrado	habremos celebrado	habríamos celebrado	celebremos/ no celebremos
vosotros	habíais celebrado	celebrarais/ celebraseis	hayáis celebrado	hubierais celebrado	habréis celebrado	habríais celebrado	celebrad/ no celebréis
ellos	habían celebrado	celebraran/ celebrasen	hayan celebrado	hubieran celebrado	habrán celebrado	habrían celebrado	celebren/ no celebren

Vamos a celebrar mi cumpleaños en un restaurante esta noche. (We are going to celebrate my birthday at a restaurant tonight.)

cerrar to close   cerrado/cerrando

	presente	pretérito imperfecto	pretérito indefinido	pretérito perfecto	futuro	condicional presente	subjuntivo presente
yo	cierro	cerraba	cerré	he cerrado	cerraré	cerraría	cierre
tú	cierras	cerrabas	cerraste	has cerrado	cerrarás	cerrarías	cierres
él	cierra	cerraba	cerró	ha cerrado	cerrará	cerraría	cierre
nosotros	cerramos	cerrábamos	cerramos	hemos cerrado	cerraremos	cerraríamos	cerremos
vosotros	cerráis	cerrabais	cerrasteis	habéis cerrado	cerraréis	cerraríais	cerréis
ellos	cierran	cerraban	cerraron	han cerrado	cerrarán	cerrarían	cierren

	pretérito pq.perfecto	subj.pret. imperfecto	subj.pret. perfecto	subj.pret. pq.perfecto	futuro perfecto	condicional compuesto	imperativo afirm./neg.
yo	había cerrado	cerrara/ cerrase	haya cerrado	hubiera cerrado	habré cerrado	habría cerrado	
tú	habías cerrado	cerraras/ cerrases	hayas cerrado	hubieras cerrado	habrás cerrado	habrías cerrado	cierra/ no cierres
él	había cerrado	cerrara/ cerrase	haya cerrado	hubiera cerrado	habrá cerrado	habría cerrado	cierre/ no cierre
nosotros	habíamos cerrado	cerráramos/ cerrásemos	hayamos cerrado	hubiéramos cerrado	habremos cerrado	habríamos cerrado	cerremos/ no cerremos
vosotros	habíais cerrado	cerrarais/ cerraseis	hayáis cerrado	hubierais cerrado	habréis cerrado	habríais cerrado	cerrad/ no cerréis
ellos	habían cerrado	cerraran/ cerrasen	hayan cerrado	hubieran cerrado	habrán cerrado	habrían cerrado	cierren/ no cierren

Por favor, cierra la puerta cuando salgas. (Please close the door when you leave.)

colocar to place   colocado/colocando

	presente	pretérito imperfecto	pretérito indefinido	pretérito perfecto	futuro	condicional presente	subjuntivo presente
yo	coloco	colocaba	coloqué	he colocado	colocaré	colocaría	coloque
tú	colocas	colocabas	colocaste	has colocado	colocarás	colocarías	coloques
él	coloca	colocaba	colocó	ha colocado	colocará	colocaría	coloque
nosotros	colocamos	colocábamos	colocamos	hemos colocado	colocaremos	colocaríamos	coloquemos
vosotros	colocáis	colocabais	colocasteis	habéis colocado	colocaréis	colocaríais	coloquéis
ellos	colocan	colocaban	colocaron	han colocado	colocarán	colocarían	coloquen

	pretérito pq.perfecto	subj.pret. imperfecto	subj.pret. perfecto	subj.pret. pq.perfecto	futuro perfecto	condicional compuesto	imperativo afirm./neg.
yo	había colocado	colocara/ colocase	haya colocado	hubiera colocado	habré colocado	habría colocado	
tú	habías colocado	colocaras/ colocases	hayas colocado	hubieras colocado	habrás colocado	habrías colocado	coloca/ no coloques
él	había colocado	colocara/ colocase	haya colocado	hubiera colocado	habrá colocado	habría colocado	coloque/ no coloque
nosotros	habíamos colocado	colocáramos/ colocásemos	hayamos colocado	hubiéramos colocado	habremos colocado	habríamos colocado	coloquemos/ no coloquemos
vosotros	habíais colocado	colocarais/ colocaseis	hayáis colocado	hubierais colocado	habréis colocado	habríais colocado	colocad/ no coloquéis
ellos	habían colocado	colocaran/ colocasen	hayan colocado	hubieran colocado	habrán colocado	habrían colocado	coloquen/ no coloquen

Coloca los libros en el estante ordenadamente, por favor. (Put the books on the shelf neatly, please.)

comenzar to start/to begin — comenzado/comenzando

	presente	pretérito imperfecto	pretérito indefinido	pretérito perfecto	futuro	condicional presente	subjuntivo presente
yo	comienzo	comenzaba	comencé	he comenzado	comenzaré	comenzaría	comience
tú	comienzas	comenzabas	comenzaste	has comenzado	comenzarás	comenzarías	comiences
él	comienza	comenzaba	comenzó	ha comenzado	comenzará	comenzaría	comience
nosotros	comenzamos	comenzábamos	comenzamos	hemos comenzado	comenzaremos	comenzaríamos	comencemos
vosotros	comenzáis	comenzabais	comenzasteis	habéis comenzado	comenzaréis	comenzaríais	comencéis
ellos	comienzan	comenzaban	comenzaron	han comenzado	comenzarán	comenzarían	comiencen

	pretérito pq.perfecto	subj.pret. imperfecto	subj.pret. perfecto	subj.pret. pq.perfecto	futuro perfecto	condicional compuesto	imperativo afirm./neg.
yo	había comenzado	comenzara/ comenzase	haya comenzado	hubiera comenzado	habré comenzado	habría comenzado	
tú	habías comenzado	comenzaras/ comenzases	hayas comenzado	hubieras comenzado	habrás comenzado	habrías comenzado	comienza/ no comiences
él	había comenzado	comenzara/ comenzase	haya comenzado	hubiera comenzado	habrá comenzado	habría comenzado	comience/ no comience
nosotros	habíamos comenzado	comenzáramos/ comenzásemos	hayamos comenzado	hubiéramos comenzado	habremos comenzado	habríamos comenzado	comencemos/ no comencemos
vosotros	habíais comenzado	comenzarais/ comenzaseis	hayáis comenzado	hubierais comenzado	habréis comenzado	habríais comenzado	comenzad/ no comencéis
ellos	habían comenzado	comenzaran/ comenzasen	hayan comenzado	hubieran comenzado	habrán comenzado	habrían comenzado	comiencen/ no comiencen

El concierto comenzará en cinco minutos, así que toma tu asiento. (The concert will start in five minutes, so take your seat.)

comer to eat — comido/comiendo

	presente	pretérito imperfecto	pretérito indefinido	pretérito perfecto	futuro	condicional presente	subjuntivo presente
yo	como	comía	comí	he comido	comeré	comería	coma
tú	comes	comías	comiste	has comido	comerás	comerías	comas
él	come	comía	comió	ha comido	comerá	comería	coma
nosotros	comemos	comíamos	comimos	hemos comido	comeremos	comeríamos	comamos
vosotros	coméis	comíais	comisteis	habéis comido	comeréis	comeríais	comáis
ellos	comen	comían	comieron	han comido	comerán	comerían	coman

	pretérito pq.perfecto	subj.pret. imperfecto	subj.pret. perfecto	subj.pret. pq.perfecto	futuro perfecto	condicional compuesto	imperativo afirm./neg.
yo	había comido	comiera/ comiese	haya comido	hubiera comido	habré comido	habría comido	
tú	habías comido	comieras/ comieses	hayas comido	hubieras comido	habrás comido	habrías comido	come/ no comas
él	había comido	comiera/ comiese	haya comido	hubiera comido	habrá comido	habría comido	coma/ no coma
nosotros	habíamos comido	comiéramos/ comiésemos	hayamos comido	hubiéramos comido	habremos comido	habríamos comido	comamos/ no comamos
vosotros	habíais comido	comierais/ comieseis	hayáis comido	hubierais comido	habréis comido	habríais comido	comed/ no comáis
ellos	habían comido	comieran/ comiesen	hayan comido	hubieran comido	habrán comido	habrían comido	coman/ no coman

Como gachas de avena todas las mañanas. (I eat porridge every morning.)

comprar to buy — comprado/comprando

	presente	pretérito imperfecto	pretérito indefinido	pretérito perfecto	futuro	condicional presente	subjuntivo presente
yo	compro	compraba	compré	he comprado	compraré	compraría	compre
tú	compras	comprabas	compraste	has comprado	comprarás	comprarías	compres
él	compra	compraba	compró	ha comprado	comprará	compraría	compre
nosotros	compramos	comprábamos	compramos	hemos comprado	compraremos	compraríamos	compremos
vosotros	compráis	comprabais	comprasteis	habéis comprado	compraréis	compraríais	compréis
ellos	compran	compraban	compraron	han comprado	comprarán	comprarían	compren

	pretérito pq.perfecto	subj.pret. imperfecto	subj.pret. perfecto	subj.pret. pq.perfecto	futuro perfecto	condicional compuesto	imperativo afirm./neg.
yo	había comprado	comprara/ comprase	haya comprado	hubiera comprado	habré comprado	habría comprado	
tú	habías comprado	compraras/ comprases	hayas comprado	hubieras comprado	habrás comprado	habrías comprado	compra/ no compres
él	había comprado	comprara/ comprase	haya comprado	hubiera comprado	habrá comprado	habría comprado	compre/ no compre
nosotros	habíamos comprado	compráramos/ comprásemos	hayamos comprado	hubiéramos comprado	habremos comprado	habríamos comprado	compremos/ no compremos
vosotros	habíais comprado	comprarais/ compraseis	hayáis comprado	hubierais comprado	habréis comprado	habríais comprado	comprad/ no compréis
ellos	habían comprado	compraran/ comprasen	hayan comprado	hubieran comprado	habrán comprado	habrían comprado	compren/ no compren

Necesito comprar ingredientes para hacer la cena esta noche. (I need to buy ingredients to make dinner tonight.)

comprender to understand — comprenso/comprendiendo

	presente	pretérito imperfecto	pretérito indefinido	pretérito perfecto	futuro	condicional presente	subjuntivo presente
yo	comprendo	comprendía	comprendí	he comprenso	comprenderé	comprendería	comprenda
tú	comprendes	comprendías	comprendiste	has comprenso	comprenderás	comprenderías	comprendas
él	comprende	comprendía	comprendió	ha comprenso	comprenderá	comprendería	comprenda
nosotros	comprendemos	comprendíamos	comprendimos	hemos comprenso	comprenderemos	comprenderíamos	comprendamos
vosotros	comprendéis	comprendíais	comprendisteis	habéis comprenso	comprenderéis	comprenderíais	comprendáis
ellos	comprenden	comprendían	comprendieron	han comprenso	comprenderán	comprenderían	comprendan

	pretérito pq.perfecto	subj.pret. imperfecto	subj.pret. perfecto	subj.pret. pq.perfecto	futuro perfecto	condicional compuesto	imperativo afirm./neg.
yo	había comprenso	comprendiera/ comprendiese	haya comprenso	hubiera comprenso	habré comprenso	habría comprenso	
tú	habías comprenso	comprendieras/ comprendieses	hayas comprenso	hubieras comprenso	habrás comprenso	habrías comprenso	comprende/ no comprendas
él	había comprenso	comprendiera/ comprendiese	haya comprenso	hubiera comprenso	habrá comprenso	habría comprenso	comprenda/ no comprenda
nosotros	habíamos comprenso	comprendiéramos/ comprendiésemos	hayamos comprenso	hubiéramos comprenso	habremos comprenso	habríamos comprenso	comprendamos/ no comprendamos
vosotros	habíais comprenso	comprendierais/ comprendieseis	hayáis comprenso	hubierais comprenso	habréis comprenso	habríais comprenso	comprended/ no comprendáis
ellos	habían comprenso	comprendieran/ comprendiesen	hayan comprenso	hubieran comprenso	habrán comprenso	habrían comprenso	comprendan/ no comprendan

Después de explicarlo varias veces, finalmente logró comprender el problema. (After explaining several times, he finally managed to understand the problem.)

conducir to drive · conducido/conduciendo

	presente	pretérito imperfecto	pretérito indefinido	pretérito perfecto	futuro	condicional presente	subjuntivo presente
yo	conduzco	conducía	conduje	he conducido	conduciré	conduciría	conduzca
tú	conduces	conducías	condujiste	has conducido	conducirás	conducirías	conduzcas
él	conduce	conducía	condujo	ha conducido	conducirá	conduciría	conduzca
nosotros	conducimos	conducíamos	condujimos	hemos conducido	conduciremos	conduciríamos	conduzcamos
vosotros	conducís	conducíais	condujisteis	habéis conducido	conduciréis	conduciríais	conduzcáis
ellos	conducen	conducían	condujeron	han conducido	conducirán	conducirían	conduzcan

	pretérito pq.perfecto	subj.pret. imperfecto	subj.pret. perfecto	subj.pret. pq.perfecto	futuro perfecto	condicional compuesto	imperativo afirm./neg.
yo	había conducido	condujera/ condujese	haya conducido	hubiera conducido	habré conducido	habría conducido	
tú	habías conducido	condujeras/ condujeses	hayas conducido	hubieras conducido	habrás conducido	habrías conducido	conduce/ no conduzcas
él	había conducido	condujera/ condujese	haya conducido	hubiera conducido	habrá conducido	habría conducido	conduzca/ no conduzca
nosotros	habíamos conducido	condujéramos/ condujésemos	hayamos conducido	hubiéramos conducido	habremos conducido	habríamos conducido	conduzcamos/ no conduzcamos
vosotros	habíais conducido	condujerais/ condujeseis	hayáis conducido	hubierais conducido	habréis conducido	habríais conducido	conducid/ no conduzcáis
ellos	habían conducido	condujeran/ condujesen	hayan conducido	hubieran conducido	habrán conducido	habrían conducido	conduzcan/ no conduzcan

Mi hermano mayor me enseñó a conducir cuando cumplí 16 años. (My older brother taught me how to drive when I turned 16.)

conocer to know · conocido/conociendo

	presente	pretérito imperfecto	pretérito indefinido	pretérito perfecto	futuro	condicional presente	subjuntivo presente
yo	conozco	conocía	conocí	he conocido	conoceré	conocería	conozca
tú	conoces	conocías	conociste	has conocido	conocerás	conocerías	conozcas
él	conoce	conocía	conoció	ha conocido	conocerá	conocería	conozca
nosotros	conocemos	conocíamos	conocimos	hemos conocido	conoceremos	conoceríamos	conozcamos
vosotros	conocéis	conocíais	conocisteis	habéis conocido	conoceréis	conoceríais	conozcáis
ellos	conocen	conocían	conocieron	han conocido	conocerán	conocerían	conozcan

	pretérito pq.perfecto	subj.pret. imperfecto	subj.pret. perfecto	subj.pret. pq.perfecto	futuro perfecto	condicional compuesto	imperativo afirm./neg.
yo	había conocido	conociera/ conociese	haya conocido	hubiera conocido	habré conocido	habría conocido	
tú	habías conocido	conocieras/ conocieses	hayas conocido	hubieras conocido	habrás conocido	habrías conocido	conoce/ no conozcas
él	había conocido	conociera/ conociese	haya conocido	hubiera conocido	habrá conocido	habría conocido	conozca/ no conozca
nosotros	habíamos conocido	conociéramos/ conociésemos	hayamos conocido	hubiéramos conocido	habremos conocido	habríamos conocido	conozcamos/ no conozcamos
vosotros	habíais conocido	conocierais/ conocieseis	hayáis conocido	hubierais conocido	habréis conocido	habríais conocido	conoced/ no conozcáis
ellos	habían conocido	conocieran/ conociesen	hayan conocido	hubieran conocido	habrán conocido	habrían conocido	conozcan/ no conozcan

Me gustaría conocer a tus padres en nuestra próxima reunión. (I would like to meet your parents at our next meeting.)

conseguir to get — conseguido/consiguiendo

	presente	pretérito imperfecto	pretérito indefinido	pretérito perfecto	futuro	condicional presente	subjuntivo presente
yo	consigo	conseguía	conseguí	he conseguido	conseguiré	conseguiría	consiga
tú	consigues	conseguías	conseguiste	has conseguido	conseguirás	conseguirías	consigas
él	consigue	conseguía	consiguió	ha conseguido	conseguirá	conseguiría	consiga
nosotros	conseguimos	conseguíamos	conseguimos	hemos conseguido	conseguiremos	conseguiríamos	consigamos
vosotros	conseguís	conseguíais	conseguisteis	habéis conseguido	conseguiréis	conseguiríais	consigáis
ellos	consiguen	conseguían	consiguieron	han conseguido	conseguirán	conseguirían	consigan

	pretérito pq.perfecto	subj.pret. imperfecto	subj.pret. perfecto	subj.pret. pq.perfecto	futuro perfecto	condicional compuesto	imperativo afirm./neg.
yo	había conseguido	consiguiera/ consiguiese	haya conseguido	hubiera conseguido	habré conseguido	habría conseguido	
tú	habías conseguido	consiguieras/ consiguieses	hayas conseguido	hubieras conseguido	habrás conseguido	habrías conseguido	consigue/ no consigas
él	había conseguido	consiguiera/ consiguiese	haya conseguido	hubiera conseguido	habrá conseguido	habría conseguido	consiga/ no consiga
nosotros	habíamos conseguido	consiguiéramos/ consiguiésemos	hayamos conseguido	hubiéramos conseguido	habremos conseguido	habríamos conseguido	consigamos/ no consigamos
vosotros	habíais conseguido	consiguierais/ consiguieseis	hayáis conseguido	hubierais conseguido	habréis conseguido	habríais conseguido	conseguid/ no consigáis
ellos	habían conseguido	consiguieran/ consiguiesen	hayan conseguido	hubieran conseguido	habrán conseguido	habrían conseguido	consigan/ no consigan

Después de mucho esfuerzo, finalmente consiguió el trabajo que quería. (After much effort, he finally got the job he wanted.)

considerar to consider — considerado/considerando

	presente	pretérito imperfecto	pretérito indefinido	pretérito perfecto	futuro	condicional presente	subjuntivo presente
yo	considero	consideraba	consideré	he considerado	consideraré	consideraría	considere
tú	consideras	considerabas	consideraste	has considerado	considerarás	considerarías	consideres
él	considera	consideraba	consideró	ha considerado	considerará	consideraría	considere
nosotros	consideramos	considerábamos	consideramos	hemos considerado	consideraremos	consideraríamos	consideremos
vosotros	consideráis	considerabais	considerasteis	habéis considerado	consideraréis	consideraríais	consideréis
ellos	consideran	consideraban	consideraron	han considerado	considerarán	considerarían	consideren

	pretérito pq.perfecto	subj.pret. imperfecto	subj.pret. perfecto	subj.pret. pq.perfecto	futuro perfecto	condicional compuesto	imperativo afirm./neg.
yo	había considerado	considerara/ considerase	haya considerado	hubiera considerado	habré considerado	habría considerado	
tú	habías considerado	consideraras/ considerases	hayas considerado	hubieras considerado	habrás considerado	habrías considerado	considera/ no consideres
él	había considerado	considerara/ considerase	haya considerado	hubiera considerado	habrá considerado	habría considerado	considere/ no considere
nosotros	habíamos considerado	consideráramos/ considerásemos	hayamos considerado	hubiéramos considerado	habremos considerado	habríamos considerado	consideremos/ no consideremos
vosotros	habíais considerado	considerarais/ consideraseis	hayáis considerado	hubierais considerado	habréis considerado	habríais considerado	considerad/ no consideréis
ellos	habían considerado	consideraran/ considerasen	hayan considerado	hubieran considerado	habrán considerado	habrían considerado	consideren/ no consideren

¿Consideraste las consecuencias? (Did you consider the consequences?)

constituir to constitute/to make up constituido/constituyendo

	presente	pretérito imperfecto	pretérito indefinido	pretérito perfecto	futuro	condicional presente	subjuntivo presente
yo	constituyo	constituía	constituí	he constituido	constituiré	constituiría	constituya
tú	constituyes	constituías	constituiste	has constituido	constituirás	constituirías	constituyas
él	constituye	constituía	constituyó	ha constituido	constituirá	constituiría	constituya
nosotros	constituimos	constituíamos	constituimos	hemos constituido	constituiremos	constituiríamos	constituyamos
vosotros	constituís	constituíais	constituisteis	habéis constituido	constituiréis	constituiríais	constituyáis
ellos	constituyen	constituían	constituyeron	han constituido	constituirán	constituirían	constituyan
	pretérito pq.perfecto	subj.pret. imperfecto	subj.pret. perfecto	subj.pret. pq.perfecto	futuro perfecto	condicional compuesto	imperativo afirm./neg.
yo	había constituido	constituyera/ constituyese	haya constituido	hubiera constituido	habré constituido	habría constituido	
tú	habías constituido	constituyeras/ constituyeses	hayas constituido	hubieras constituido	habrás constituido	habrías constituido	constituye/ no constituyas
él	había constituido	constituyera/ constituyese	haya constituido	hubiera constituido	habrá constituido	habría constituido	constituya/ no constituya
nosotros	habíamos constituido	constituyéramos/ constituyésemos	hayamos constituido	hubiéramos constituido	habremos constituido	habríamos constituido	constituyamos/ no constituyamos
vosotros	habíais constituido	constituyerais/ constituyeseis	hayáis constituido	hubierais constituido	habréis constituido	habríais constituido	constituid/ no constituyáis
ellos	habían constituido	constituyeran/ constituyesen	hayan constituido	hubieran constituido	habrán constituido	habrían constituido	constituyan/ no constituyan

El nuevo edificio constituye un hito arquitectónico en la ciudad. (The new building is an architectural landmark in the city.)

construir to build construido/construyendo

	presente	pretérito imperfecto	pretérito indefinido	pretérito perfecto	futuro	condicional presente	subjuntivo presente
yo	construyo	construía	construí	he construido	construiré	construiría	construya
tú	construyes	construías	construiste	has construido	construirás	construirías	construyas
él	construye	construía	construyó	ha construido	construirá	construiría	construya
nosotros	construimos	construíamos	construimos	hemos construido	construiremos	construiríamos	construyamos
vosotros	construís	construíais	construisteis	habéis construido	construiréis	construiríais	construyáis
ellos	construyen	construían	construyeron	han construido	construirán	construirían	construyan
	pretérito pq.perfecto	subj.pret. imperfecto	subj.pret. perfecto	subj.pret. pq.perfecto	futuro perfecto	condicional compuesto	imperativo afirm./neg.
yo	había construido	construyera/ construyese	haya construido	hubiera construido	habré construido	habría construido	
tú	habías construido	construyeras/ construyeses	hayas construido	hubieras construido	habrás construido	habrías construido	construye/ no construyas
él	había construido	construyera/ construyese	haya construido	hubiera construido	habrá construido	habría construido	construya/ no construya
nosotros	habíamos construido	construyéramos/ construyésemos	hayamos construido	hubiéramos construido	habremos construido	habríamos construido	construyamos/ no construyamos
vosotros	habíais construido	construyerais/ construyeseis	hayáis construido	hubierais construido	habréis construido	habríais construido	construid/ no construyáis
ellos	habían construido	construyeran/ construyesen	hayan construido	hubieran construido	habrán construido	habrían construido	construyan/ no construyan

Construyó su casa en las afueras de Sevilla y se instaló en ella en enero. (He built his house on the outskirts of Seville and moved in in January.)

contar to count — contado/contando

	presente	pretérito imperfecto	pretérito indefinido	pretérito perfecto	futuro	condicional presente	subjuntivo presente
yo	cuento	contaba	conté	he contado	contaré	contaría	cuente
tú	cuentas	contabas	contaste	has contado	contarás	contarías	cuentes
él	cuenta	contaba	contó	ha contado	contará	contaría	cuente
nosotros	contamos	contábamos	contamos	hemos contado	contaremos	contaríamos	contemos
vosotros	contáis	contabais	contasteis	habéis contado	contaréis	contaríais	contéis
ellos	cuentan	contaban	contaron	han contado	contarán	contarían	cuenten

	pretérito pq.perfecto	subj.pret. imperfecto	subj.pret. perfecto	subj.pret. pq.perfecto	futuro perfecto	condicional compuesto	imperativo afirm./neg.
yo	había contado	contara/ contase	haya contado	hubiera contado	habré contado	habría contado	
tú	habías contado	contaras/ contases	hayas contado	hubieras contado	habrás contado	habrías contado	cuenta/ no cuentes
él	había contado	contara/ contase	haya contado	hubiera contado	habrá contado	habría contado	cuente/ no cuente
nosotros	habíamos contado	contáramos/ contásemos	hayamos contado	hubiéramos contado	habremos contado	habríamos contado	contemos/ no contemos
vosotros	habíais contado	contarais/ contaseis	hayáis contado	hubierais contado	habréis contado	habríais contado	contad/ no contéis
ellos	habían contado	contaran/ contasen	hayan contado	hubieran contado	habrán contado	habrían contado	cuenten/ no cuenten

Por favor, cuéntame cómo te fue en el viaje. (Please tell me how your trip went.)

contener to contain — contenido/conteniendo

	presente	pretérito imperfecto	pretérito indefinido	pretérito perfecto	futuro	condicional presente	subjuntivo presente
yo	contengo	contenía	contuve	he contenido	contendré	contendría	contenga
tú	contienes	contenías	contuviste	has contenido	contendrás	contendrías	contengas
él	contiene	contenía	contuvo	ha contenido	contendrá	contendría	contenga
nosotros	contenemos	conteníamos	contuvimos	hemos contenido	contendremos	contendríamos	contengamos
vosotros	contenéis	conteníais	contuvisteis	habéis contenido	contendréis	contendríais	contengáis
ellos	contienen	contenían	contuvieron	han contenido	contendrán	contendrían	contengan

	pretérito pq.perfecto	subj.pret. imperfecto	subj.pret. perfecto	subj.pret. pq.perfecto	futuro perfecto	condicional compuesto	imperativo afirm./neg.
yo	había contenido	contuviera/ contuviese	haya contenido	hubiera contenido	habré contenido	habría contenido	
tú	habías contenido	contuvieras/ contuvieses	hayas contenido	hubieras contenido	habrás contenido	habrías contenido	conten/ no contengas
él	había contenido	contuviera/ contuviese	haya contenido	hubiera contenido	habrá contenido	habría contenido	contenga/ no contenga
nosotros	habíamos contenido	contuviéramos/ contuviésemos	hayamos contenido	hubiéramos contenido	habremos contenido	habríamos contenido	contengamos/ no contengamos
vosotros	habíais contenido	contuvierais/ contuvieseis	hayáis contenido	hubierais contenido	habréis contenido	habríais contenido	contened/ no contengáis
ellos	habían contenido	contuvieran/ contuviesen	hayan contenido	hubieran contenido	habrán contenido	habrían contenido	contengan/ no contengan

La botella de agua contiene un litro de líquido. (The water bottle contains one liter of liquid.)

continuar to continue — continuado/continuando

	presente	pretérito imperfecto	pretérito indefinido	pretérito perfecto	futuro	condicional presente	subjuntivo presente
yo	continúo	continuaba	continué	he continuado	continuaré	continuaría	continúe
tú	continúas	continuabas	continuaste	has continuado	continuarás	continuarías	continúes
él	continúa	continuaba	continuó	ha continuado	continuará	continuaría	continúe
nosotros	continuamos	continuábamos	continuamos	hemos continuado	continuaremos	continuaríamos	continuemos
vosotros	continuáis	continuabais	continuasteis	habéis continuado	continuaréis	continuaríais	continuéis
ellos	continúan	continuaban	continuaron	han continuado	continuarán	continuarían	continúen

	pretérito pq.perfecto	subj.pret. imperfecto	subj.pret. perfecto	subj.pret. pq.perfecto	futuro perfecto	condicional compuesto	imperativo afirm./neg.
yo	había continuado	continuara/ continuase	haya continuado	hubiera continuado	habré continuado	habría continuado	
tú	habías continuado	continuaras/ continuases	hayas continuado	hubieras continuado	habrás continuado	habrías continuado	continúa/ no continúes
él	había continuado	continuara/ continuase	haya continuado	hubiera continuado	habrá continuado	habría continuado	continúe/ no continúe
nosotros	habíamos continuado	continuáramos/ continuásemos	hayamos continuado	hubiéramos continuado	habremos continuado	habríamos continuado	continuemos/ no continuemos
vosotros	habíais continuado	continuarais/ continuaseis	hayáis continuado	hubierais continuado	habréis continuado	habríais continuado	continuad/ no continuéis
ellos	habían continuado	continuaran/ continuasen	hayan continuado	hubieran continuado	habrán continuado	habrían continuado	continúen/ no continúen

A pesar de las dificultades, decidió continuar con su plan. (Despite the difficulties, he decided to continue with his plan.)

convertir to convert — convertido/convirtiendo

	presente	pretérito imperfecto	pretérito indefinido	pretérito perfecto	futuro	condicional presente	subjuntivo presente
yo	convierto	convertía	convertí	he convertido	convertiré	convertiría	convierta
tú	conviertes	convertías	convertiste	has convertido	convertirás	convertirías	conviertas
él	convierte	convertía	convirtió	ha convertido	convertirá	convertiría	convierta
nosotros	convertimos	convertíamos	convertimos	hemos convertido	convertiremos	convertiríamos	convirtamos
vosotros	convertís	convertíais	convertisteis	habéis convertido	convertiréis	convertiríais	convirtáis
ellos	convierten	convertían	convirtieron	han convertido	convertirán	convertirían	conviertan

	pretérito pq.perfecto	subj.pret. imperfecto	subj.pret. perfecto	subj.pret. pq.perfecto	futuro perfecto	condicional compuesto	imperativo afirm./neg.
yo	había convertido	convirtiera/ convirtiese	haya convertido	hubiera convertido	habré convertido	habría convertido	
tú	habías convertido	convirtieras/ convirtieses	hayas convertido	hubieras convertido	habrás convertido	habrías convertido	convierte/ no conviertas
él	había convertido	convirtiera/ convirtiese	haya convertido	hubiera convertido	habrá convertido	habría convertido	convierta/ no convierta
nosotros	habíamos convertido	convirtiéramos/ convirtiésemos	hayamos convertido	hubiéramos convertido	habremos convertido	habríamos convertido	convirtamos/ no convirtamos
vosotros	habíais convertido	convirtierais/ convirtieseis	hayáis convertido	hubierais convertido	habréis convertido	habríais convertido	convertid/ no convirtáis
ellos	habían convertido	convirtieran/ convirtiesen	hayan convertido	hubieran convertido	habrán convertido	habrían convertido	conviertan/ no conviertan

El artista logró convertir una simple piedra en una obra de arte. (The artist managed to turn a simple stone into a work of art.)

correr to run — corrido/corriendo

	presente	pretérito imperfecto	pretérito indefinido	pretérito perfecto	futuro	condicional presente	subjuntivo presente
yo	corro	corría	corrí	he corrido	correré	correría	corra
tú	corres	corrías	corriste	has corrido	correrás	correrías	corras
él	corre	corría	corrió	ha corrido	correrá	correría	corra
nosotros	corremos	corríamos	corrimos	hemos corrido	correremos	correríamos	corramos
vosotros	corréis	corríais	corristeis	habéis corrido	correréis	correríais	corráis
ellos	corren	corrían	corrieron	han corrido	correrán	correrían	corran

	pretérito pq.perfecto	subj.pret. imperfecto	subj.pret. perfecto	subj.pret. pq.perfecto	futuro perfecto	condicional compuesto	imperativo afirm./neg.
yo	había corrido	corriera/ corriese	haya corrido	hubiera corrido	habré corrido	habría corrido	
tú	habías corrido	corrieras/ corrieses	hayas corrido	hubieras corrido	habrás corrido	habrías corrido	corre/ no corras
él	había corrido	corriera/ corriese	haya corrido	hubiera corrido	habrá corrido	habría corrido	corra/ no corra
nosotros	habíamos corrido	corriéramos/ corriésemos	hayamos corrido	hubiéramos corrido	habremos corrido	habríamos corrido	corramos/ no corramos
vosotros	habíais corrido	corrierais/ corrieseis	hayáis corrido	hubierais corrido	habréis corrido	habríais corrido	corred/ no corráis
ellos	habían corrido	corrieran/ corriesen	hayan corrido	hubieran corrido	habrán corrido	habrían corrido	corran/ no corran

Mi hermano corre todos los días para mantenerse en forma. (My brother runs every day to keep in shape.)

corresponder to correspond — correspondido/correspondiendo

	presente	pretérito imperfecto	pretérito indefinido	pretérito perfecto	futuro	condicional presente	subjuntivo presente
yo	correspondo	correspondía	correspondí	he correspondido	corresponderé	correspondería	corresponda
tú	correspondes	correspondías	correspondiste	has correspondido	corresponderás	corresponderías	correspondas
él	corresponde	correspondía	correspondió	ha correspondido	corresponderá	correspondería	corresponda
nosotros	correspondemos	correspondíamos	correspondimos	hemos correspondido	corresponderemos	corresponderíamos	correspondamos
vosotros	correspondéis	correspondíais	correspondisteis	habéis correspondido	corresponderéis	corresponderíais	correspondáis
ellos	corresponden	correspondían	correspondieron	han correspondido	corresponderán	corresponderían	correspondan

	pretérito pq.perfecto	subj.pret. imperfecto	subj.pret. perfecto	subj.pret. pq.perfecto	futuro perfecto	condicional compuesto	imperativo afirm./neg.
yo	había correspondido	correspondiera/ correspondiese	haya correspondido	hubiera correspondido	habré correspondido	habría correspondido	
tú	habías correspondido	correspondieras/ correspondieses	hayas correspondido	hubieras correspondido	habrás correspondido	habrías correspondido	corresponde/ no correspondas
él	había correspondido	correspondiera/ correspondiese	haya correspondido	hubiera correspondido	habrá correspondido	habría correspondido	corresponda/ no corresponda
nosotros	habíamos correspondido	correspondiéramos/ correspondiésemos	hayamos correspondido	hubiéramos correspondido	habremos correspondido	habríamos correspondido	correspondamos/ no correspondamos
vosotros	habíais correspondido	correspondierais/ correspondieseis	hayáis correspondido	hubierais correspondido	habréis correspondido	habríais correspondido	corresponded/ no correspondáis
ellos	habían correspondido	correspondieran/ correspondiesen	hayan correspondido	hubieran correspondido	habrán correspondido	habrían correspondido	correspondan/ no correspondan

Es importante corresponder a los gestos amables de los demás. (It is important to reciprocate the kind gestures of others.)

crear to create   creado/creando

	presente	pretérito imperfecto	pretérito indefinido	pretérito perfecto	futuro	condicional presente	subjuntivo presente
yo	creo	creaba	creé	he creado	crearé	crearía	cree
tú	creas	creabas	creaste	has creado	crearás	crearías	crees
él	crea	creaba	creó	ha creado	creará	crearía	cree
nosotros	creamos	creábamos	creamos	hemos creado	crearemos	crearíamos	creemos
vosotros	creáis	creabais	creasteis	habéis creado	crearéis	crearíais	creéis
ellos	crean	creaban	crearon	han creado	crearán	crearían	creen
	pretérito pq.perfecto	subj.pret. imperfecto	subj.pret. perfecto	subj.pret. pq.perfecto	futuro perfecto	condicional compuesto	imperativo afirm./neg.
yo	había creado	creara/ crease	haya creado	hubiera creado	habré creado	habría creado	
tú	habías creado	crearas/ creases	hayas creado	hubieras creado	habrás creado	habrías creado	crea/ no crees
él	había creado	creara/ crease	haya creado	hubiera creado	habrá creado	habría creado	cree/ no cree
nosotros	habíamos creado	creáramos/ creásemos	hayamos creado	hubiéramos creado	habremos creado	habríamos creado	creemos/ no creemos
vosotros	habíais creado	crearais/ creaseis	hayáis creado	hubierais creado	habréis creado	habríais creado	cread/ no creéis
ellos	habían creado	crearan/ creasen	hayan creado	hubieran creado	habrán creado	habrían creado	creen/ no creen

El escritor creó un universo de fantasía en su novela. (The writer created a fantasy universe in his novel.)

crecer to grow   crecido/creciendo

	presente	pretérito imperfecto	pretérito indefinido	pretérito perfecto	futuro	condicional presente	subjuntivo presente
yo	crezco	crecía	crecí	he crecido	creceré	crecería	crezca
tú	creces	crecías	creciste	has crecido	crecerás	crecerías	crezcas
él	crece	crecía	creció	ha crecido	crecerá	crecería	crezca
nosotros	crecemos	crecíamos	crecimos	hemos crecido	creceremos	creceríamos	crezcamos
vosotros	crecéis	crecíais	crecisteis	habéis crecido	creceréis	creceríais	crezcáis
ellos	crecen	crecían	crecieron	han crecido	crecerán	crecerían	crezcan
	pretérito pq.perfecto	subj.pret. imperfecto	subj.pret. perfecto	subj.pret. pq.perfecto	futuro perfecto	condicional compuesto	imperativo afirm./neg.
yo	había crecido	creciera/ creciese	haya crecido	hubiera crecido	habré crecido	habría crecido	
tú	habías crecido	crecieras/ crecieses	hayas crecido	hubieras crecido	habrás crecido	habrías crecido	crece/ no crezcas
él	había crecido	creciera/ creciese	haya crecido	hubiera crecido	habrá crecido	habría crecido	crezca/ no crezca
nosotros	habíamos crecido	creciéramos/ creciésemos	hayamos crecido	hubiéramos crecido	habremos crecido	habríamos crecido	crezcamos/ no crezcamos
vosotros	habíais crecido	crecierais/ crecieseis	hayáis crecido	hubierais crecido	habréis crecido	habríais crecido	creced/ no crezcáis
ellos	habían crecido	crecieran/ creciesen	hayan crecido	hubieran crecido	habrán crecido	habrían crecido	crezcan/ no crezcan

Los niños crecen tan rápido, parece que fue ayer cuando eran bebés. (Children grow up so fast, it seems like yesterday when they were babies.)

creer to believe   creído/creyendo

	presente	pretérito imperfecto	pretérito indefinido	pretérito perfecto	futuro	condicional presente	subjuntivo presente
yo	creo	creía	creí	he creído	creeré	creería	crea
tú	crees	creías	creíste	has creído	creerás	creerías	creas
él	cree	creía	creyó	ha creído	creerá	creería	crea
nosotros	creemos	creíamos	creímos	hemos creído	creeremos	creeríamos	creamos
vosotros	creéis	creíais	creísteis	habéis creído	creeréis	creeríais	creáis
ellos	creen	creían	creyeron	han creído	creerán	creerían	crean
	pretérito pq.perfecto	subj.pret. imperfecto	subj.pret. perfecto	subj.pret. pq.perfecto	futuro perfecto	condicional compuesto	imperativo afirm./neg.
yo	había creído	creyera/ creyese	haya creído	hubiera creído	habré creído	habría creído	
tú	habías creído	creyeras/ creyeses	hayas creído	hubieras creído	habrás creído	habrías creído	cree/ no creas
él	había creído	creyera/ creyese	haya creído	hubiera creído	habrá creído	habría creído	crea/ no crea
nosotros	habíamos creído	creyéramos/ creyésemos	hayamos creído	hubiéramos creído	habremos creído	habríamos creído	creamos/ no creamos
vosotros	habíais creído	creyerais/ creyeseis	hayáis creído	hubierais creído	habréis creído	habríais creído	creed/ no creáis
ellos	habían creído	creyeran/ creyesen	hayan creído	hubieran creído	habrán creído	habrían creído	crean/ no crean

Creo que es ineficaz. (I think it is ineffective.)

cubrir to cover   cubierto/cubriendo

	presente	pretérito imperfecto	pretérito indefinido	pretérito perfecto	futuro	condicional presente	subjuntivo presente
yo	cubro	cubría	cubrí	he cubierto	cubriré	cubriría	cubra
tú	cubres	cubrías	cubriste	has cubierto	cubrirás	cubrirías	cubras
él	cubre	cubría	cubrió	ha cubierto	cubrirá	cubriría	cubra
nosotros	cubrimos	cubríamos	cubrimos	hemos cubierto	cubriremos	cubriríamos	cubramos
vosotros	cubrís	cubríais	cubristeis	habéis cubierto	cubriréis	cubriríais	cubráis
ellos	cubren	cubrían	cubrieron	han cubierto	cubrirán	cubrirían	cubran
	pretérito pq.perfecto	subj.pret. imperfecto	subj.pret. perfecto	subj.pret. pq.perfecto	futuro perfecto	condicional compuesto	imperativo afirm./neg.
yo	había cubierto	cubriera/ cubriese	haya cubierto	hubiera cubierto	habré cubierto	habría cubierto	
tú	habías cubierto	cubrieras/ cubrieses	hayas cubierto	hubieras cubierto	habrás cubierto	habrías cubierto	cubre/ no cubras
él	había cubierto	cubriera/ cubriese	haya cubierto	hubiera cubierto	habrá cubierto	habría cubierto	cubra/ no cubra
nosotros	habíamos cubierto	cubriéramos/ cubriésemos	hayamos cubierto	hubiéramos cubierto	habremos cubierto	habríamos cubierto	cubramos/ no cubramos
vosotros	habíais cubierto	cubrierais/ cubrieseis	hayáis cubierto	hubierais cubierto	habréis cubierto	habríais cubierto	cubrid/ no cubráis
ellos	habían cubierto	cubrieran/ cubriesen	hayan cubierto	hubieran cubierto	habrán cubierto	habrían cubierto	cubran/ no cubran

Por favor, cubre la comida para que no se enfríe. (Please cover the food so it doesn't get cold.)

cumplir to achieve — cumplido/cumpliendo

	presente	pretérito imperfecto	pretérito indefinido	pretérito perfecto	futuro	condicional presente	subjuntivo presente
yo	cumplo	cumplía	cumplí	he cumplido	cumpliré	cumpliría	cumpla
tú	cumples	cumplías	cumpliste	has cumplido	cumplirás	cumplirías	cumplas
él	cumple	cumplía	cumplió	ha cumplido	cumplirá	cumpliría	cumpla
nosotros	cumplimos	cumplíamos	cumplimos	hemos cumplido	cumpliremos	cumpliríamos	cumplamos
vosotros	cumplís	cumplíais	cumplisteis	habéis cumplido	cumpliréis	cumpliríais	cumpláis
ellos	cumplen	cumplían	cumplieron	han cumplido	cumplirán	cumplirían	cumplan

	pretérito pq.perfecto	subj.pret. imperfecto	subj.pret. perfecto	subj.pret. pq.perfecto	futuro perfecto	condicional compuesto	imperativo afirm./neg.
yo	había cumplido	cumpliera/ cumpliese	haya cumplido	hubiera cumplido	habré cumplido	habría cumplido	
tú	habías cumplido	cumplieras/ cumplieses	hayas cumplido	hubieras cumplido	habrás cumplido	habrías cumplido	cumple/ no cumplas
él	había cumplido	cumpliera/ cumpliese	haya cumplido	hubiera cumplido	habrá cumplido	habría cumplido	cumpla/ no cumpla
nosotros	habíamos cumplido	cumpliéramos/ cumpliésemos	hayamos cumplido	hubiéramos cumplido	habremos cumplido	habríamos cumplido	cumplamos/ no cumplamos
vosotros	habíais cumplido	cumplierais/ cumplieseis	hayáis cumplido	hubierais cumplido	habréis cumplido	habríais cumplido	cumplid/ no cumpláis
ellos	habían cumplido	cumplieran/ cumpliesen	hayan cumplido	hubieran cumplido	habrán cumplido	habrían cumplido	cumplan/ no cumplan

Mañana cumplo 30 años, ¡es un hito importante! (I'm turning 30 tomorrow, it's a major milestone!)

dar to give — dado/dando

	presente	pretérito imperfecto	pretérito indefinido	pretérito perfecto	futuro	condicional presente	subjuntivo presente
yo	doy	daba	di	he dado	daré	daría	dé
tú	das	dabas	diste	has dado	darás	darías	des
él	da	daba	dio	ha dado	dará	daría	dé
nosotros	damos	dábamos	dimos	hemos dado	daremos	daríamos	demos
vosotros	dais	dabais	disteis	habéis dado	daréis	daríais	deis
ellos	dan	daban	dieron	han dado	darán	darían	den

	pretérito pq.perfecto	subj.pret. imperfecto	subj.pret. perfecto	subj.pret. pq.perfecto	futuro perfecto	condicional compuesto	imperativo afirm./neg.
yo	había dado	diera/ diese	haya dado	hubiera dado	habré dado	habría dado	
tú	habías dado	dieras/ dieses	hayas dado	hubieras dado	habrás dado	habrías dado	da/ no des
él	había dado	diera/ diese	haya dado	hubiera dado	habrá dado	habría dado	dé/ no dé
nosotros	habíamos dado	diéramos/ diésemos	hayamos dado	hubiéramos dado	habremos dado	habríamos dado	demos/ no demos
vosotros	habíais dado	dierais/ dieseis	hayáis dado	hubierais dado	habréis dado	habríais dado	dad/ no deis
ellos	habían dado	dieran/ diesen	hayan dado	hubieran dado	habrán dado	habrían dado	den/ no den

Le di un regalo a mi amigo en su cumpleaños. (I gave my friend a present on his birthday.)

deber to must — debido/debiendo

	presente	pretérito imperfecto	pretérito indefinido	pretérito perfecto	futuro	condicional presente	subjuntivo presente
yo	debo	debía	debí	he debido	deberé	debería	deba
tú	debes	debías	debiste	has debido	deberás	deberías	debas
él	debe	debía	debió	ha debido	deberá	debería	deba
nosotros	debemos	debíamos	debimos	hemos debido	deberemos	deberíamos	debamos
vosotros	debéis	debíais	debisteis	habéis debido	deberéis	deberíais	debáis
ellos	deben	debían	debieron	han debido	deberán	deberían	deban

	pretérito pq.perfecto	subj.pret. imperfecto	subj.pret. perfecto	subj.pret. pq.perfecto	futuro perfecto	condicional compuesto	imperativo afirm./neg.
yo	había debido	debiera/ debiese	haya debido	hubiera debido	habré debido	habría debido	
tú	habías debido	debieras/ debieses	hayas debido	hubieras debido	habrás debido	habrías debido	debe/ no debas
él	había debido	debiera/ debiese	haya debido	hubiera debido	habrá debido	habría debido	deba/ no deba
nosotros	habíamos debido	debiéramos/ debiésemos	hayamos debido	hubiéramos debido	habremos debido	habríamos debido	debamos/ no debamos
vosotros	habíais debido	debierais/ debieseis	hayáis debido	hubierais debido	habréis debido	habríais debido	debed/ no debáis
ellos	habían debido	debieran/ debiesen	hayan debido	hubieran debido	habrán debido	habrían debido	deban/ no deban

Debes estudiar para el examen si quieres obtener una buena calificación. (You must study for the exam if you want to get a good grade.)

decidir to decide — decidido/decidiendo

	presente	pretérito imperfecto	pretérito indefinido	pretérito perfecto	futuro	condicional presente	subjuntivo presente
yo	decido	decidía	decidí	he decidido	decidiré	decidiría	decida
tú	decides	decidías	decidiste	has decidido	decidirás	decidirías	decidas
él	decide	decidía	decidió	ha decidido	decidirá	decidiría	decida
nosotros	decidimos	decidíamos	decidimos	hemos decidido	decidiremos	decidiríamos	decidamos
vosotros	decidís	decidíais	decidisteis	habéis decidido	decidiréis	decidiríais	decidáis
ellos	deciden	decidían	decidieron	han decidido	decidirán	decidirían	decidan

	pretérito pq.perfecto	subj.pret. imperfecto	subj.pret. perfecto	subj.pret. pq.perfecto	futuro perfecto	condicional compuesto	imperativo afirm./neg.
yo	había decidido	decidiera/ decidiese	haya decidido	hubiera decidido	habré decidido	habría decidido	
tú	habías decidido	decidieras/ decidieses	hayas decidido	hubieras decidido	habrás decidido	habrías decidido	decide/ no decidas
él	había decidido	decidiera/ decidiese	haya decidido	hubiera decidido	habrá decidido	habría decidido	decida/ no decida
nosotros	habíamos decidido	decidiéramos/ decidiésemos	hayamos decidido	hubiéramos decidido	habremos decidido	habríamos decidido	decidamos/ no decidamos
vosotros	habíais decidido	decidierais/ decidieseis	hayáis decidido	hubierais decidido	habréis decidido	habríais decidido	decidid/ no decidáis
ellos	habían decidido	decidieran/ decidiesen	hayan decidido	hubieran decidido	habrán decidido	habrían decidido	decidan/ no decidan

Tomó mucho tiempo, pero finalmente decidí mudarme a otra ciudad. (It took a long time, but I finally decided to move to another city.)

decir to say — dicho/diciendo

	presente	pretérito imperfecto	pretérito indefinido	pretérito perfecto	futuro	condicional presente	subjuntivo presente
yo	digo	decía	dije	he dicho	diré	diría	diga
tú	dices	decías	dijiste	has dicho	dirás	dirías	digas
él	dice	decía	dijo	ha dicho	dirá	diría	diga
nosotros	decimos	decíamos	dijimos	hemos dicho	diremos	diríamos	digamos
vosotros	decís	decíais	dijisteis	habéis dicho	diréis	diríais	digáis
ellos	dicen	decían	dijeron	han dicho	dirán	dirían	digan

	pretérito pq.perfecto	subj.pret. imperfecto	subj.pret. perfecto	subj.pret. pq.perfecto	futuro perfecto	condicional compuesto	imperativo afirm./neg.
yo	había dicho	dijera/ dijese	haya dicho	hubiera dicho	habré dicho	habría dicho	
tú	habías dicho	dijeras/ dijeses	hayas dicho	hubieras dicho	habrás dicho	habrías dicho	di/ no digas
él	había dicho	dijera/ dijese	haya dicho	hubiera dicho	habrá dicho	habría dicho	diga/ no diga
nosotros	habíamos dicho	dijéramos/ dijésemos	hayamos dicho	hubiéramos dicho	habremos dicho	habríamos dicho	digamos/ no digamos
vosotros	habíais dicho	dijerais/ dijeseis	hayáis dicho	hubierais dicho	habréis dicho	habríais dicho	decid/ no digáis
ellos	habían dicho	dijeran/ dijesen	hayan dicho	hubieran dicho	habrán dicho	habrían dicho	digan/ no digan

No puedo creer lo que dijo en esa entrevista, fue muy irrespetuoso. (I can't believe what he said in that interview, it was very disrespectful.)

declarar to declare — declarado/declarando

	presente	pretérito imperfecto	pretérito indefinido	pretérito perfecto	futuro	condicional presente	subjuntivo presente
yo	declaro	declaraba	declaré	he declarado	declararé	declararía	declare
tú	declaras	declarabas	declaraste	has declarado	declararás	declararías	declares
él	declara	declaraba	declaró	ha declarado	declarará	declararía	declare
nosotros	declaramos	declarábamos	declaramos	hemos declarado	declararemos	declararíamos	declaremos
vosotros	declaráis	declarabais	declarasteis	habéis declarado	declararéis	declararíais	declaréis
ellos	declaran	declaraban	declararon	han declarado	declararán	declararían	declaren

	pretérito pq.perfecto	subj.pret. imperfecto	subj.pret. perfecto	subj.pret. pq.perfecto	futuro perfecto	condicional compuesto	imperativo afirm./neg.
yo	había declarado	declarara/ declarase	haya declarado	hubiera declarado	habré declarado	habría declarado	
tú	habías declarado	declararas/ declarases	hayas declarado	hubieras declarado	habrás declarado	habrías declarado	declara/ no declares
él	había declarado	declarara/ declarase	haya declarado	hubiera declarado	habrá declarado	habría declarado	declare/ no declare
nosotros	habíamos declarado	declaráramos/ declarásemos	hayamos declarado	hubiéramos declarado	habremos declarado	habríamos declarado	declaremos/ no declaremos
vosotros	habíais declarado	declararais/ declaraseis	hayáis declarado	hubierais declarado	habréis declarado	habríais declarado	declarad/ no declaréis
ellos	habían declarado	declararan/ declarasen	hayan declarado	hubieran declarado	habrán declarado	habrían declarado	declaren/ no declaren

El presidente declaró el estado de emergencia debido al desastre natural. (The president declared a state of emergency due to the natural disaster.)

dedicar to dedicate — dedicado/dedicando

	presente	pretérito imperfecto	pretérito indefinido	pretérito perfecto	futuro	condicional presente	subjuntivo presente
yo	dedico	dedicaba	dediqué	he dedicado	dedicaré	dedicaría	dedique
tú	dedicas	dedicabas	dedicaste	has dedicado	dedicarás	dedicarías	dediques
él	dedica	dedicaba	dedicó	ha dedicado	dedicará	dedicaría	dedique
nosotros	dedicamos	dedicábamos	dedicamos	hemos dedicado	dedicaremos	dedicaríamos	dediquemos
vosotros	dedicáis	dedicabais	dedicasteis	habéis dedicado	dedicaréis	dedicaríais	dediquéis
ellos	dedican	dedicaban	dedicaron	han dedicado	dedicarán	dedicarían	dediquen

	pretérito pq.perfecto	subj.pret. imperfecto	subj.pret. perfecto	subj.pret. pq.perfecto	futuro perfecto	condicional compuesto	imperativo afirm./neg.
yo	había dedicado	dedicara/ dedicase	haya dedicado	hubiera dedicado	habré dedicado	habría dedicado	
tú	habías dedicado	dedicaras/ dedicases	hayas dedicado	hubieras dedicado	habrás dedicado	habrías dedicado	dedica/ no dediques
él	había dedicado	dedicara/ dedicase	haya dedicado	hubiera dedicado	habrá dedicado	habría dedicado	dedique/ no dedique
nosotros	habíamos dedicado	dedicáramos/ dedicásemos	hayamos dedicado	hubiéramos dedicado	habremos dedicado	habríamos dedicado	dediquemos/ no dediquemos
vosotros	habíais dedicado	dedicarais/ dedicaseis	hayáis dedicado	hubierais dedicado	habréis dedicado	habríais dedicado	dedicad/ no dediquéis
ellos	habían dedicado	dedicaran/ dedicasen	hayan dedicado	hubieran dedicado	habrán dedicado	habrían dedicado	dediquen/ no dediquen

Me dedico muchas horas al día a practicar el piano. (I spend many hours a day practicing the piano.)

defender to defend — defendido/defendiendo

	presente	pretérito imperfecto	pretérito indefinido	pretérito perfecto	futuro	condicional presente	subjuntivo presente
yo	defiendo	defendía	defendí	he defendido	defenderé	defendería	defienda
tú	defiendes	defendías	defendiste	has defendido	defenderás	defenderías	defiendas
él	defiende	defendía	defendió	ha defendido	defenderá	defendería	defienda
nosotros	defendemos	defendíamos	defendimos	hemos defendido	defenderemos	defenderíamos	defendamos
vosotros	defendéis	defendíais	defendisteis	habéis defendido	defenderéis	defenderíais	defendáis
ellos	defienden	defendían	defendieron	han defendido	defenderán	defenderían	defiendan

	pretérito pq.perfecto	subj.pret. imperfecto	subj.pret. perfecto	subj.pret. pq.perfecto	futuro perfecto	condicional compuesto	imperativo afirm./neg.
yo	había defendido	defendiera/ defendiese	haya defendido	hubiera defendido	habré defendido	habría defendido	
tú	habías defendido	defendieras/ defendieses	hayas defendido	hubieras defendido	habrás defendido	habrías defendido	defiende/ no defiendas
él	había defendido	defendiera/ defendiese	haya defendido	hubiera defendido	habrá defendido	habría defendido	defienda/ no defienda
nosotros	habíamos defendido	defendiéramos/ defendiésemos	hayamos defendido	hubiéramos defendido	habremos defendido	habríamos defendido	defendamos/ no defendamos
vosotros	habíais defendido	defendierais/ defendieseis	hayáis defendido	hubierais defendido	habréis defendido	habríais defendido	defended/ no defendáis
ellos	habían defendido	defendieran/ defendiesen	hayan defendido	hubieran defendido	habrán defendido	habrían defendido	defiendan/ no defiendan

El abogado defiende a su cliente en el juicio. (The lawyer defends his client in the trial.)

definir — to define — definido/definiendo

	presente	pretérito imperfecto	pretérito indefinido	pretérito perfecto	futuro	condicional presente	subjuntivo presente
yo	defino	definía	definí	he definido	definiré	definiría	defina
tú	defines	definías	definiste	has definido	definirás	definirías	definas
él	define	definía	definió	ha definido	definirá	definiría	defina
nosotros	definimos	definíamos	definimos	hemos definido	definiremos	definiríamos	definamos
vosotros	definís	definíais	definisteis	habéis definido	definiréis	definiríais	defináis
ellos	definen	definían	definieron	han definido	definirán	definirían	definan
	pretérito pq.perfecto	subj.pret. imperfecto	subj.pret. perfecto	subj.pret. pq.perfecto	futuro perfecto	condicional compuesto	imperativo afirm./neg.
yo	había definido	definiera/ definiese	haya definido	hubiera definido	habré definido	habría definido	
tú	habías definido	definieras/ definieses	hayas definido	hubieras definido	habrás definido	habrías definido	define/ no definas
él	había definido	definiera/ definiese	haya definido	hubiera definido	habrá definido	habría definido	defina/ no defina
nosotros	habíamos definido	definiéramos/ definiésemos	hayamos definido	hubiéramos definido	habremos definido	habríamos definido	definamos/ no definamos
vosotros	habíais definido	definierais/ definieseis	hayáis definido	hubierais definido	habréis definido	habríais definido	definid/ no defináis
ellos	habían definido	definieran/ definiesen	hayan definido	hubieran definido	habrán definido	habrían definido	definan/ no definan

¿Podrías definir el concepto de democracia? (Could you define the concept of democracy?)

dejar — to leave — dejado/dejando

	presente	pretérito imperfecto	pretérito indefinido	pretérito perfecto	futuro	condicional presente	subjuntivo presente
yo	dejo	dejaba	dejé	he dejado	dejaré	dejaría	deje
tú	dejas	dejabas	dejaste	has dejado	dejarás	dejarías	dejes
él	deja	dejaba	dejó	ha dejado	dejará	dejaría	deje
nosotros	dejamos	dejábamos	dejamos	hemos dejado	dejaremos	dejaríamos	dejemos
vosotros	dejáis	dejabais	dejasteis	habéis dejado	dejaréis	dejaríais	dejéis
ellos	dejan	dejaban	dejaron	han dejado	dejarán	dejarían	dejen
	pretérito pq.perfecto	subj.pret. imperfecto	subj.pret. perfecto	subj.pret. pq.perfecto	futuro perfecto	condicional compuesto	imperativo afirm./neg.
yo	había dejado	dejara/ dejase	haya dejado	hubiera dejado	habré dejado	habría dejado	
tú	habías dejado	dejaras/ dejases	hayas dejado	hubieras dejado	habrás dejado	habrías dejado	deja/ no dejes
él	había dejado	dejara/ dejase	haya dejado	hubiera dejado	habrá dejado	habría dejado	deje/ no deje
nosotros	habíamos dejado	dejáramos/ dejásemos	hayamos dejado	hubiéramos dejado	habremos dejado	habríamos dejado	dejemos/ no dejemos
vosotros	habíais dejado	dejarais/ dejaseis	hayáis dejado	hubierais dejado	habréis dejado	habríais dejado	dejad/ no dejéis
ellos	habían dejado	dejaran/ dejasen	hayan dejado	hubieran dejado	habrán dejado	habrían dejado	dejen/ no dejen

Por favor, deja de hacer ruido, estoy tratando de concentrarme. (Please stop making noise, I'm trying to concentrate.)

demostrar to demonstrate demostrado/demostrando

	presente	pretérito imperfecto	pretérito indefinido	pretérito perfecto	futuro	condicional presente	subjuntivo presente
yo	demuestro	demostraba	demostré	he demostrado	demostraré	demostraría	demuestre
tú	demuestras	demostrabas	demostraste	has demostrado	demostrarás	demostrarías	demuestres
él	demuestra	demostraba	demostró	ha demostrado	demostrará	demostraría	demuestre
nosotros	demostramos	demostrábamos	demostramos	hemos demostrado	demostraremos	demostraríamos	demostremos
vosotros	demostráis	demostrabais	demostrasteis	habéis demostrado	demostraréis	demostraríais	demostréis
ellos	demuestran	demostraban	demostraron	han demostrado	demostrarán	demostrarían	demuestren
	pretérito pq.perfecto	subj.pret. imperfecto	subj.pret. perfecto	subj.pret. pq.perfecto	futuro perfecto	condicional compuesto	imperativo afirm./neg.
yo	había demostrado	demostrara/ demostrase	haya demostrado	hubiera demostrado	habré demostrado	habría demostrado	
tú	habías demostrado	demostraras/ demostrases	hayas demostrado	hubieras demostrado	habrás demostrado	habrías demostrado	demuestra/ no demuestres
él	había demostrado	demostrara/ demostrase	haya demostrado	hubiera demostrado	habrá demostrado	habría demostrado	demuestre/ no demuestre
nosotros	habíamos demostrado	demostráramos/ demostrásemos	hayamos demostrado	hubiéramos demostrado	habremos demostrado	habríamos demostrado	demostremos/ no demostremos
vosotros	habíais demostrado	demostrarais/ demostraseis	hayáis demostrado	hubierais demostrado	habréis demostrado	habríais demostrado	demostrad/ no demostréis
ellos	habían demostrado	demostraran/ demostrasen	hayan demostrado	hubieran demostrado	habrán demostrado	habrían demostrado	demuestren/ no demuestren

Quiero demostrarte que puedo lograrlo si me das la oportunidad. (I want to show you that I can make it if you give me the chance.)

depender to depend dependido/dependiendo

	presente	pretérito imperfecto	pretérito indefinido	pretérito perfecto	futuro	condicional presente	subjuntivo presente
yo	dependo	dependía	dependí	he dependido	dependeré	dependería	dependa
tú	dependes	dependías	dependiste	has dependido	dependerás	dependerías	dependas
él	depende	dependía	dependió	ha dependido	dependerá	dependería	dependa
nosotros	dependemos	dependíamos	dependimos	hemos dependido	dependeremos	dependeríamos	dependamos
vosotros	dependéis	dependíais	dependisteis	habéis dependido	dependeréis	dependeríais	dependáis
ellos	dependen	dependían	dependieron	han dependido	dependerán	dependerían	dependan
	pretérito pq.perfecto	subj.pret. imperfecto	subj.pret. perfecto	subj.pret. pq.perfecto	futuro perfecto	condicional compuesto	imperativo afirm./neg.
yo	había dependido	dependiera/ dependiese	haya dependido	hubiera dependido	habré dependido	habría dependido	
tú	habías dependido	dependieras/ dependieses	hayas dependido	hubieras dependido	habrás dependido	habrías dependido	depende/ no dependas
él	había dependido	dependiera/ dependiese	haya dependido	hubiera dependido	habrá dependido	habría dependido	dependa/ no dependa
nosotros	habíamos dependido	dependiéramos/ dependiésemos	hayamos dependido	hubiéramos dependido	habremos dependido	habríamos dependido	dependamos/ no dependamos
vosotros	habíais dependido	dependierais/ dependieseis	hayáis dependido	hubierais dependido	habréis dependido	habríais dependido	depended/ no dependáis
ellos	habían dependido	dependieran/ dependiesen	hayan dependido	hubieran dependido	habrán dependido	habrían dependido	dependan/ no dependan

El éxito de nuestro proyecto depende de la colaboración de todos. (The success of our project depends on everyone's collaboration.)

desaparecer — to disappear — desaparecido/desapareciendo

	presente	pretérito imperfecto	pretérito indefinido	pretérito perfecto	futuro	condicional presente	subjuntivo presente
yo	desaparezco	desaparecía	desaparecí	he desaparecido	desapareceré	desaparecería	desaparezca
tú	desapareces	desaparecías	desapareciste	has desaparecido	desaparecerás	desaparecerías	desaparezcas
él	desaparece	desaparecía	desapareció	ha desaparecido	desaparecerá	desaparecería	desaparezca
nosotros	desaparecemos	desaparecíamos	desaparecimos	hemos desaparecido	desapareceremos	desapareceríamos	desaparezcamos
vosotros	desaparecéis	desaparecíais	desaparecisteis	habéis desaparecido	desapareceréis	desapareceríais	desaparezcáis
ellos	desaparecen	desaparecían	desaparecieron	han desaparecido	desaparecerán	desaparecerían	desaparezcan

	pretérito pq.perfecto	subj.pret. imperfecto	subj.pret. perfecto	subj.pret. pq.perfecto	futuro perfecto	condicional compuesto	imperativo afirm./neg.
yo	había desaparecido	desapareciera/ desapareciese	haya desaparecido	hubiera desaparecido	habré desaparecido	habría desaparecido	
tú	habías desaparecido	desaparecieras/ desaparecieses	hayas desaparecido	hubieras desaparecido	habrás desaparecido	habrías desaparecido	desaparece/ no desaparezcas
él	había desaparecido	desapareciera/ desapareciese	haya desaparecido	hubiera desaparecido	habrá desaparecido	habría desaparecido	desaparezca/ no desaparezca
nosotros	habíamos desaparecido	desapareciéramos/ desapareciésemos	hayamos desaparecido	hubiéramos desaparecido	habremos desaparecido	habríamos desaparecido	desaparezcamos/ no desaparezcamos
vosotros	habíais desaparecido	desaparecierais/ desaparecieseis	hayáis desaparecido	hubierais desaparecido	habréis desaparecido	habríais desaparecido	desapareced/ no desaparezcáis
ellos	habían desaparecido	desaparecieran/ desapareciesen	hayan desaparecido	hubieran desaparecido	habrán desaparecido	habrían desaparecido	desaparezcan/ no desaparezcan

El sol se puso y las estrellas comenzaron a desaparecer en el cielo. (The sun set and the stars began to disappear in the sky.)

desarrollar — to develop — desarrollado/desarrollando

	presente	pretérito imperfecto	pretérito indefinido	pretérito perfecto	futuro	condicional presente	subjuntivo presente
yo	desarrollo	desarrollaba	desarrollé	he desarrollado	desarrollaré	desarrollaría	desarrolle
tú	desarrollas	desarrollabas	desarrollaste	has desarrollado	desarrollarás	desarrollarías	desarrolles
él	desarrolla	desarrollaba	desarrolló	ha desarrollado	desarrollará	desarrollaría	desarrolle
nosotros	desarrollamos	desarrollábamos	desarrollamos	hemos desarrollado	desarrollaremos	desarrollaríamos	desarrollemos
vosotros	desarrolláis	desarrollabais	desarrollasteis	habéis desarrollado	desarrollaréis	desarrollaríais	desarrolléis
ellos	desarrollan	desarrollaban	desarrollaron	han desarrollado	desarrollarán	desarrollarían	desarrollen

	pretérito pq.perfecto	subj.pret. imperfecto	subj.pret. perfecto	subj.pret. pq.perfecto	futuro perfecto	condicional compuesto	imperativo afirm./neg.
yo	había desarrollado	desarrollara/ desarrollase	haya desarrollado	hubiera desarrollado	habré desarrollado	habría desarrollado	
tú	habías desarrollado	desarrollaras/ desarrollases	hayas desarrollado	hubieras desarrollado	habrás desarrollado	habrías desarrollado	desarrolla/ no desarrolles
él	había desarrollado	desarrollara/ desarrollase	haya desarrollado	hubiera desarrollado	habrá desarrollado	habría desarrollado	desarrolle/ no desarrolle
nosotros	habíamos desarrollado	desarrolláramos/ desarrollásemos	hayamos desarrollado	hubiéramos desarrollado	habremos desarrollado	habríamos desarrollado	desarrollemos/ no desarrollemos
vosotros	habíais desarrollado	desarrollarais/ desarrollaseis	hayáis desarrollado	hubierais desarrollado	habréis desarrollado	habríais desarrollado	desarrollad/ no desarrolléis
ellos	habían desarrollado	desarrollaran/ desarrollasen	hayan desarrollado	hubieran desarrollado	habrán desarrollado	habrían desarrollado	desarrollen/ no desarrollen

La empresa está trabajando en desarrollar nuevas tecnologías. (The company is working on developing new technologies.)

descubrir to discover descubierto/descubriendo

	presente	pretérito imperfecto	pretérito indefinido	pretérito perfecto	futuro	condicional presente	subjuntivo presente
yo	descubro	descubría	descubrí	he descubierto	descubriré	descubriría	descubra
tú	descubres	descubrías	descubriste	has descubierto	descubrirás	descubrirías	descubras
él	descubre	descubría	descubrió	ha descubierto	descubrirá	descubriría	descubra
nosotros	descubrimos	descubríamos	descubrimos	hemos descubierto	descubriremos	descubriríamos	descubramos
vosotros	descubrís	descubríais	descubristeis	habéis descubierto	descubriréis	descubriríais	descubráis
ellos	descubren	descubrían	descubrieron	han descubierto	descubrirán	descubrirían	descubran

	pretérito pq.perfecto	subj.pret. imperfecto	subj.pret. perfecto	subj.pret. pq.perfecto	futuro perfecto	condicional compuesto	imperativo afirm./neg.
yo	había descubierto	descubriera/ descubriese	haya descubierto	hubiera descubierto	habré descubierto	habría descubierto	
tú	habías descubierto	descubrieras/ descubrieses	hayas descubierto	hubieras descubierto	habrás descubierto	habrías descubierto	descubre/ no descubras
él	había descubierto	descubriera/ descubriese	haya descubierto	hubiera descubierto	habrá descubierto	habría descubierto	descubra/ no descubra
nosotros	habíamos descubierto	descubriéramos/ descubriésemos	hayamos descubierto	hubiéramos descubierto	habremos descubierto	habríamos descubierto	descubramos/ no descubramos
vosotros	habíais descubierto	descubrierais/ descubrieseis	hayáis descubierto	hubierais descubierto	habréis descubierto	habríais descubierto	descubrid/ no descubráis
ellos	habían descubierto	descubrieran/ descubriesen	hayan descubierto	hubieran descubierto	habrán descubierto	habrían descubierto	descubran/ no descubran

El científico descubrió una nueva especie de planta en el bosque. (The scientist discovered a new species of plant in the forest.)

desear to want/to wish deseado/deseando

	presente	pretérito imperfecto	pretérito indefinido	pretérito perfecto	futuro	condicional presente	subjuntivo presente
yo	deseo	deseaba	deseé	he deseado	desearé	desearía	desee
tú	deseas	deseabas	deseaste	has deseado	desearás	desearías	desees
él	desea	deseaba	deseó	ha deseado	deseará	desearía	desee
nosotros	deseamos	deseábamos	deseamos	hemos deseado	desearemos	desearíamos	deseemos
vosotros	deseáis	deseabais	deseasteis	habéis deseado	desearéis	desearíais	deseéis
ellos	desean	deseaban	desearon	han deseado	desearán	desearían	deseen

	pretérito pq.perfecto	subj.pret. imperfecto	subj.pret. perfecto	subj.pret. pq.perfecto	futuro perfecto	condicional compuesto	imperativo afirm./neg.
yo	había deseado	deseara/ desease	haya deseado	hubiera deseado	habré deseado	habría deseado	
tú	habías deseado	desearas/ deseases	hayas deseado	hubieras deseado	habrás deseado	habrías deseado	desea/ no desees
él	había deseado	deseara/ desease	haya deseado	hubiera deseado	habrá deseado	habría deseado	desee/ no desee
nosotros	habíamos deseado	deseáramos/ deseásemos	hayamos deseado	hubiéramos deseado	habremos deseado	habríamos deseado	deseemos/ no deseemos
vosotros	habíais deseado	desearais/ deseaseis	hayáis deseado	hubierais deseado	habréis deseado	habríais deseado	desead/ no deseéis
ellos	habían deseado	desearan/ deseasen	hayan deseado	hubieran deseado	habrán deseado	habrían deseado	deseen/ no deseen

Te deseo que tengas un buen día. (I wish you a good day.)

destacar — to highlight/to stand out — destacado/destacando

	presente	pretérito imperfecto	pretérito indefinido	pretérito perfecto	futuro	condicional presente	subjuntivo presente
yo	destaco	destacaba	destaqué	he destacado	destacaré	destacaría	destaque
tú	destacas	destacabas	destacaste	has destacado	destacarás	destacarías	destaques
él	destaca	destacaba	destacó	ha destacado	destacará	destacaría	destaque
nosotros	destacamos	destacábamos	destacamos	hemos destacado	destacaremos	destacaríamos	destaquemos
vosotros	destacáis	destacabais	destacasteis	habéis destacado	destacaréis	destacaríais	destaquéis
ellos	destacan	destacaban	destacaron	han destacado	destacarán	destacarían	destaquen

	pretérito pq.perfecto	subj.pret. imperfecto	subj.pret. perfecto	subj.pret. pq.perfecto	futuro perfecto	condicional compuesto	imperativo afirm./neg.
yo	había destacado	destacara/ destacase	haya destacado	hubiera destacado	habré destacado	habría destacado	
tú	habías destacado	destacaras/ destacases	hayas destacado	hubieras destacado	habrás destacado	habrías destacado	destaca/ no destaques
él	había destacado	destacara/ destacase	haya destacado	hubiera destacado	habrá destacado	habría destacado	destaque/ no destaque
nosotros	habíamos destacado	destacáramos/ destacásemos	hayamos destacado	hubiéramos destacado	habremos destacado	habríamos destacado	destaquemos/ no destaquemos
vosotros	habíais destacado	destacarais/ destacaseis	hayáis destacado	hubierais destacado	habréis destacado	habríais destacado	destacad/ no destaquéis
ellos	habían destacado	destacaran/ destacasen	hayan destacado	hubieran destacado	habrán destacado	habrían destacado	destaquen/ no destaquen

Su habilidad para tocar el piano siempre destacaba en las competencias. (His piano playing skills always stood out in competitions.)

detener — to stop/to arrest — detenido/deteniendo

	presente	pretérito imperfecto	pretérito indefinido	pretérito perfecto	futuro	condicional presente	subjuntivo presente
yo	detengo	detenía	detuve	he detenido	detendré	detendría	detenga
tú	detienes	detenías	detuviste	has detenido	detendrás	detendrías	detengas
él	detiene	detenía	detuvo	ha detenido	detendrá	detendría	detenga
nosotros	detenemos	deteníamos	detuvimos	hemos detenido	detendremos	detendríamos	detengamos
vosotros	detenéis	deteníais	detuvisteis	habéis detenido	detendréis	detendríais	detengáis
ellos	detienen	detenían	detuvieron	han detenido	detendrán	detendrían	detengan

	pretérito pq.perfecto	subj.pret. imperfecto	subj.pret. perfecto	subj.pret. pq.perfecto	futuro perfecto	condicional compuesto	imperativo afirm./neg.
yo	había detenido	detuviera/ detuviese	haya detenido	hubiera detenido	habré detenido	habría detenido	
tú	habías detenido	detuvieras/ detuvieses	hayas detenido	hubieras detenido	habrás detenido	habrías detenido	deten/ no detengas
él	había detenido	detuviera/ detuviese	haya detenido	hubiera detenido	habrá detenido	habría detenido	detenga/ no detenga
nosotros	habíamos detenido	detuviéramos/ detuviésemos	hayamos detenido	hubiéramos detenido	habremos detenido	habríamos detenido	detengamos/ no detengamos
vosotros	habíais detenido	detuvierais/ detuvieseis	hayáis detenido	hubierais detenido	habréis detenido	habríais detenido	detened/ no detengáis
ellos	habían detenido	detuvieran/ detuviesen	hayan detenido	hubieran detenido	habrán detenido	habrían detenido	detengan/ no detengan

El policía detuvo al conductor por exceso de velocidad. (The policeman stopped the driver for speeding.)

determinar to determine determinado/determinando

	presente	pretérito imperfecto	pretérito indefinido	pretérito perfecto	futuro	condicional presente	subjuntivo presente
yo	determino	determinaba	determiné	he determinado	determinaré	determinaría	determine
tú	determinas	determinabas	determinaste	has determinado	determinarás	determinarías	determines
él	determina	determinaba	determinó	ha determinado	determinará	determinaría	determine
nosotros	determinamos	determinábamos	determinamos	hemos determinado	determinaremos	determinaríamos	determinemos
vosotros	determináis	determinabais	determinasteis	habéis determinado	determinaréis	determinaríais	determinéis
ellos	determinan	determinaban	determinaron	han determinado	determinarán	determinarían	determinen
	pretérito pq.perfecto	subj.pret. imperfecto	subj.pret. perfecto	subj.pret. pq.perfecto	futuro perfecto	condicional compuesto	imperativo afirm./neg.
yo	había determinado	determinara/ determinase	haya determinado	hubiera determinado	habré determinado	habría determinado	
tú	habías determinado	determinaras/ determinases	hayas determinado	hubieras determinado	habrás determinado	habrías determinado	determina/ no determines
él	había determinado	determinara/ determinase	haya determinado	hubiera determinado	habrá determinado	habría determinado	determine/ no determine
nosotros	habíamos determinado	determináramos/ determinásemos	hayamos determinado	hubiéramos determinado	habremos determinado	habríamos determinado	determinemos/ no determinemos
vosotros	habíais determinado	determinarais/ determinaseis	hayáis determinado	hubierais determinado	habréis determinado	habríais determinado	determinad/ no determinéis
ellos	habían determinado	determinaran/ determinasen	hayan determinado	hubieran determinado	habrán determinado	habrían determinado	determinen/ no determinen

La investigación científica intenta determinar las causas del fenómeno. (The scientific investigation is trying to determine the causes of the phenomenon.)

dirigir to lead dirigido/dirigiendo

	presente	pretérito imperfecto	pretérito indefinido	pretérito perfecto	futuro	condicional presente	subjuntivo presente
yo	dirijo	dirigía	dirigí	he dirigido	dirigiré	dirigiría	dirija
tú	diriges	dirigías	dirigiste	has dirigido	dirigirás	dirigirías	dirijas
él	dirige	dirigía	dirigió	ha dirigido	dirigirá	dirigiría	dirija
nosotros	dirigimos	dirigíamos	dirigimos	hemos dirigido	dirigiremos	dirigiríamos	dirijamos
vosotros	dirigís	dirigíais	dirigisteis	habéis dirigido	dirigiréis	dirigiríais	dirijáis
ellos	dirigen	dirigían	dirigieron	han dirigido	dirigirán	dirigirían	dirijan
	pretérito pq.perfecto	subj.pret. imperfecto	subj.pret. perfecto	subj.pret. pq.perfecto	futuro perfecto	condicional compuesto	imperativo afirm./neg.
yo	había dirigido	dirigiera/ dirigiese	haya dirigido	hubiera dirigido	habré dirigido	habría dirigido	
tú	habías dirigido	dirigieras/ dirigieses	hayas dirigido	hubieras dirigido	habrás dirigido	habrías dirigido	dirige/ no dirijas
él	había dirigido	dirigiera/ dirigiese	haya dirigido	hubiera dirigido	habrá dirigido	habría dirigido	dirija/ no dirija
nosotros	habíamos dirigido	dirigiéramos/ dirigiésemos	hayamos dirigido	hubiéramos dirigido	habremos dirigido	habríamos dirigido	dirijamos/ no dirijamos
vosotros	habíais dirigido	dirigierais/ dirigieseis	hayáis dirigido	hubierais dirigido	habréis dirigido	habríais dirigido	dirigid/ no dirijáis
ellos	habían dirigido	dirigieran/ dirigiesen	hayan dirigido	hubieran dirigido	habrán dirigido	habrían dirigido	dirijan/ no dirijan

El director de la empresa tiene mucha experiencia y liderazgo. (The director of the company has a lot of experience and leadership.)

disponer to have at disposal — dispuesto/disponiendo

	presente	pretérito imperfecto	pretérito indefinido	pretérito perfecto	futuro	condicional presente	subjuntivo presente
yo	dispongo	disponía	dispuse	he dispuesto	dispondré	dispondría	disponga
tú	dispones	disponías	dispusiste	has dispuesto	dispondrás	dispondrías	dispongas
él	dispone	disponía	dispuso	ha dispuesto	dispondrá	dispondría	disponga
nosotros	disponemos	disponíamos	dispusimos	hemos dispuesto	dispondremos	dispondríamos	dispongamos
vosotros	disponéis	disponíais	dispusisteis	habéis dispuesto	dispondréis	dispondríais	dispongáis
ellos	disponen	disponían	dispusieron	han dispuesto	dispondrán	dispondrían	dispongan

	pretérito pq.perfecto	subj.pret. imperfecto	subj.pret. perfecto	subj.pret. pq.perfecto	futuro perfecto	condicional compuesto	imperativo afirm./neg.
yo	había dispuesto	dispusiera/ dispusiese	haya dispuesto	hubiera dispuesto	habré dispuesto	habría dispuesto	
tú	habías dispuesto	dispusieras/ dispusieses	hayas dispuesto	hubieras dispuesto	habrás dispuesto	habrías dispuesto	dispón/ no dispongas
él	había dispuesto	dispusiera/ dispusiese	haya dispuesto	hubiera dispuesto	habrá dispuesto	habría dispuesto	disponga/ no disponga
nosotros	habíamos dispuesto	dispusiéramos/ dispusiésemos	hayamos dispuesto	hubiéramos dispuesto	habremos dispuesto	habríamos dispuesto	dispongamos/ no dispongamos
vosotros	habíais dispuesto	dispusierais/ dispusieseis	hayáis dispuesto	hubierais dispuesto	habréis dispuesto	habríais dispuesto	disponed/ no dispongáis
ellos	habían dispuesto	dispusieran/ dispusiesen	hayan dispuesto	hubieran dispuesto	habrán dispuesto	habrían dispuesto	dispongan/ no dispongan

Por favor, disponga las sillas en círculo para la reunión. (Arrange chairs in a circle for the meeting.)

dormir to sleep — dormido/durmiendo

	presente	pretérito imperfecto	pretérito indefinido	pretérito perfecto	futuro	condicional presente	subjuntivo presente
yo	duermo	dormía	dormí	he dormido	dormiré	dormiría	duerma
tú	duermes	dormías	dormiste	has dormido	dormirás	dormirías	duermas
él	duerme	dormía	durmió	ha dormido	dormirá	dormiría	duerma
nosotros	dormimos	dormíamos	dormimos	hemos dormido	dormiremos	dormiríamos	durmamos
vosotros	dormís	dormíais	dormisteis	habéis dormido	dormiréis	dormiríais	durmáis
ellos	duermen	dormían	durmieron	han dormido	dormirán	dormirían	duerman

	pretérito pq.perfecto	subj.pret. imperfecto	subj.pret. perfecto	subj.pret. pq.perfecto	futuro perfecto	condicional compuesto	imperativo afirm./neg.
yo	había dormido	durmiera/ durmiese	haya dormido	hubiera dormido	habré dormido	habría dormido	
tú	habías dormido	durmieras/ durmieses	hayas dormido	hubieras dormido	habrás dormido	habrías dormido	duerme/ no duermas
él	había dormido	durmiera/ durmiese	haya dormido	hubiera dormido	habrá dormido	habría dormido	duerma/ no duerma
nosotros	habíamos dormido	durmiéramos/ durmiésemos	hayamos dormido	hubiéramos dormido	habremos dormido	habríamos dormido	durmamos/ no durmamos
vosotros	habíais dormido	durmierais/ durmieseis	hayáis dormido	hubierais dormido	habréis dormido	habríais dormido	dormid/ no durmáis
ellos	habían dormido	durmieran/ durmiesen	hayan dormido	hubieran dormido	habrán dormido	habrían dormido	duerman/ no duerman

Después de un largo día de trabajo, solo quiero dormir. (After a long day's work, I just want to sleep.)

echar to throw — echado/echando

	presente	pretérito imperfecto	pretérito indefinido	pretérito perfecto	futuro	condicional presente	subjuntivo presente
yo	echo	echaba	eché	he echado	echaré	echaría	eche
tú	echas	echabas	echaste	has echado	echarás	echarías	eches
él	echa	echaba	echó	ha echado	echará	echaría	eche
nosotros	echamos	echábamos	echamos	hemos echado	echaremos	echaríamos	echemos
vosotros	echáis	echabais	echasteis	habéis echado	echaréis	echaríais	echéis
ellos	echan	echaban	echaron	han echado	echarán	echarían	echen

	pretérito pq.perfecto	subj.pret. imperfecto	subj.pret. perfecto	subj.pret. pq.perfecto	futuro perfecto	condicional compuesto	imperativo afirm./neg.
yo	había echado	echara/ echase	haya echado	hubiera echado	habré echado	habría echado	
tú	habías echado	echaras/ echases	hayas echado	hubieras echado	habrás echado	habrías echado	echa/ no eches
él	había echado	echara/ echase	haya echado	hubiera echado	habrá echado	habría echado	eche/ no eche
nosotros	habíamos echado	echáramos/ echásemos	hayamos echado	hubiéramos echado	habremos echado	habríamos echado	echemos/ no echemos
vosotros	habíais echado	echarais/ echaseis	hayáis echado	hubierais echado	habréis echado	habríais echado	echad/ no echéis
ellos	habían echado	echaran/ echasen	hayan echado	hubieran echado	habrán echado	habrían echado	echen/ no echen

¡No me eches la culpa! (Don't blame me!)

elegir to choose — electo/eligiendo

	presente	pretérito imperfecto	pretérito indefinido	pretérito perfecto	futuro	condicional presente	subjuntivo presente
yo	elijo	elegía	elegí	he electo	elegiré	elegiría	elija
tú	eliges	elegías	elegiste	has electo	elegirás	elegirías	elijas
él	elige	elegía	eligió	ha electo	elegirá	elegiría	elija
nosotros	elegimos	elegíamos	elegimos	hemos electo	elegiremos	elegiríamos	elijamos
vosotros	elegís	elegíais	elegisteis	habéis electo	elegiréis	elegiríais	elijáis
ellos	eligen	elegían	eligieron	han electo	elegirán	elegirían	elijan

	pretérito pq.perfecto	subj.pret. imperfecto	subj.pret. perfecto	subj.pret. pq.perfecto	futuro perfecto	condicional compuesto	imperativo afirm./neg.
yo	había electo	eligiera/ eligiese	haya electo	hubiera electo	habré electo	habría electo	
tú	habías electo	eligieras/ eligieses	hayas electo	hubieras electo	habrás electo	habrías electo	elige/ no elijas
él	había electo	eligiera/ eligiese	haya electo	hubiera electo	habrá electo	habría electo	elija/ no elija
nosotros	habíamos electo	eligiéramos/ eligiésemos	hayamos electo	hubiéramos electo	habremos electo	habríamos electo	elijamos/ no elijamos
vosotros	habíais electo	eligierais/ eligieseis	hayáis electo	hubierais electo	habréis electo	habríais electo	elegid/ no elijáis
ellos	habían electo	eligieran/ eligiesen	hayan electo	hubieran electo	habrán electo	habrían electo	elijan/ no elijan

Tienes que elegir entre el rojo o el azul, no puedes tener ambos. (You have to choose between red or blue, you can't have both.)

empezar to begin — empezado/empezando

	presente	pretérito imperfecto	pretérito indefinido	pretérito perfecto	futuro	condicional presente	subjuntivo presente
yo	empiezo	empezaba	empecé	he empezado	empezaré	empezaría	empiece
tú	empiezas	empezabas	empezaste	has empezado	empezarás	empezarías	empieces
él	empieza	empezaba	empezó	ha empezado	empezará	empezaría	empiece
nosotros	empezamos	empezábamos	empezamos	hemos empezado	empezaremos	empezaríamos	empecemos
vosotros	empezáis	empezabais	empezasteis	habéis empezado	empezaréis	empezaríais	empecéis
ellos	empiezan	empezaban	empezaron	han empezado	empezarán	empezarían	empiecen

	pretérito pq.perfecto	subj.pret. imperfecto	subj.pret. perfecto	subj.pret. pq.perfecto	futuro perfecto	condicional compuesto	imperativo afirm./neg.
yo	había empezado	empezara/ empezase	haya empezado	hubiera empezado	habré empezado	habría empezado	
tú	habías empezado	empezaras/ empezases	hayas empezado	hubieras empezado	habrás empezado	habrías empezado	empieza/ no empieces
él	había empezado	empezara/ empezase	haya empezado	hubiera empezado	habrá empezado	habría empezado	empiece/ no empiece
nosotros	habíamos empezado	empezáramos/ empezásemos	hayamos empezado	hubiéramos empezado	habremos empezado	habríamos empezado	empecemos/ no empecemos
vosotros	habíais empezado	empezarais/ empezaseis	hayáis empezado	hubierais empezado	habréis empezado	habríais empezado	empezad/ no empecéis
ellos	habían empezado	empezaran/ empezasen	hayan empezado	hubieran empezado	habrán empezado	habrían empezado	empiecen/ no empiecen

El partido de fútbol empezará en cinco minutos, así que toma tu lugar. (The soccer game will start in five minutes, so take your place.)

encontrar to find — encontrado/encontrando

	presente	pretérito imperfecto	pretérito indefinido	pretérito perfecto	futuro	condicional presente	subjuntivo presente
yo	encuentro	encontraba	encontré	he encontrado	encontraré	encontraría	encuentre
tú	encuentras	encontrabas	encontraste	has encontrado	encontrarás	encontrarías	encuentres
él	encuentra	encontraba	encontró	ha encontrado	encontrará	encontraría	encuentre
nosotros	encontramos	encontrábamos	encontramos	hemos encontrado	encontraremos	encontraríamos	encontremos
vosotros	encontráis	encontrabais	encontrasteis	habéis encontrado	encontraréis	encontraríais	encontréis
ellos	encuentran	encontraban	encontraron	han encontrado	encontrarán	encontrarían	encuentren

	pretérito pq.perfecto	subj.pret. imperfecto	subj.pret. perfecto	subj.pret. pq.perfecto	futuro perfecto	condicional compuesto	imperativo afirm./neg.
yo	había encontrado	encontrara/ encontrase	haya encontrado	hubiera encontrado	habré encontrado	habría encontrado	
tú	habías encontrado	encontraras/ encontrases	hayas encontrado	hubieras encontrado	habrás encontrado	habrías encontrado	encuentra/ no encuentres
él	había encontrado	encontrara/ encontrase	haya encontrado	hubiera encontrado	habrá encontrado	habría encontrado	encuentre/ no encuentre
nosotros	habíamos encontrado	encontráramos/ encontrásemos	hayamos encontrado	hubiéramos encontrado	habremos encontrado	habríamos encontrado	encontremos/ no encontremos
vosotros	habíais encontrado	encontrarais/ encontraseis	hayáis encontrado	hubierais encontrado	habréis encontrado	habríais encontrado	encontrad/ no encontréis
ellos	habían encontrado	encontraran/ encontrasen	hayan encontrado	hubieran encontrado	habrán encontrado	habrían encontrado	encuentren/ no encuentren

Finalmente encontré las llaves que había perdido. (I finally found the keys I had lost.)

enfrentar to confront   enfrentado/enfrentando

	presente	pretérito imperfecto	pretérito indefinido	pretérito perfecto	futuro	condicional presente	subjuntivo presente
yo	enfrento	enfrentaba	enfrenté	he enfrentado	enfrentaré	enfrentaría	enfrente
tú	enfrentas	enfrentabas	enfrentaste	has enfrentado	enfrentarás	enfrentarías	enfrentes
él	enfrenta	enfrentaba	enfrentó	ha enfrentado	enfrentará	enfrentaría	enfrente
nosotros	enfrentamos	enfrentábamos	enfrentamos	hemos enfrentado	enfrentaremos	enfrentaríamos	enfrentemos
vosotros	enfrentáis	enfrentabais	enfrentasteis	habéis enfrentado	enfrentaréis	enfrentaríais	enfrentéis
ellos	enfrentan	enfrentaban	enfrentaron	han enfrentado	enfrentarán	enfrentarían	enfrenten

	pretérito pq.perfecto	subj.pret. imperfecto	subj.pret. perfecto	subj.pret. pq.perfecto	futuro perfecto	condicional compuesto	imperativo afirm./neg.
yo	había enfrentado	enfrentara/ enfrentase	haya enfrentado	hubiera enfrentado	habré enfrentado	habría enfrentado	
tú	habías enfrentado	enfrentaras/ enfrentases	hayas enfrentado	hubieras enfrentado	habrás enfrentado	habrías enfrentado	enfrenta/ no enfrentes
él	había enfrentado	enfrentara/ enfrentase	haya enfrentado	hubiera enfrentado	habrá enfrentado	habría enfrentado	enfrente/ no enfrente
nosotros	habíamos enfrentado	enfrentáramos/ enfrentásemos	hayamos enfrentado	hubiéramos enfrentado	habremos enfrentado	habríamos enfrentado	enfrentemos/ no enfrentemos
vosotros	habíais enfrentado	enfrentarais/ enfrentaseis	hayáis enfrentado	hubierais enfrentado	habréis enfrentado	habríais enfrentado	enfrentad/ no enfrentéis
ellos	habían enfrentado	enfrentaran/ enfrentasen	hayan enfrentado	hubieran enfrentado	habrán enfrentado	habrían enfrentado	enfrenten/ no enfrenten

Tendremos que enfrentar muchos desafíos en el camino, pero no debemos rendirnos. (We will have to face many challenges along the way, but we must not give up.)

entender to understand   entendido/entendiendo

	presente	pretérito imperfecto	pretérito indefinido	pretérito perfecto	futuro	condicional presente	subjuntivo presente
yo	entiendo	entendía	entendí	he entendido	entenderé	entendería	entienda
tú	entiendes	entendías	entendiste	has entendido	entenderás	entenderías	entiendas
él	entiende	entendía	entendió	ha entendido	entenderá	entendería	entienda
nosotros	entendemos	entendíamos	entendimos	hemos entendido	entenderemos	entenderíamos	entendamos
vosotros	entendéis	entendíais	entendisteis	habéis entendido	entenderéis	entenderíais	entendáis
ellos	entienden	entendían	entendieron	han entendido	entenderán	entenderían	entiendan

	pretérito pq.perfecto	subj.pret. imperfecto	subj.pret. perfecto	subj.pret. pq.perfecto	futuro perfecto	condicional compuesto	imperativo afirm./neg.
yo	había entendido	entendiera/ entendiese	haya entendido	hubiera entendido	habré entendido	habría entendido	
tú	habías entendido	entendieras/ entendieses	hayas entendido	hubieras entendido	habrás entendido	habrías entendido	entiende/ no entiendas
él	había entendido	entendiera/ entendiese	haya entendido	hubiera entendido	habrá entendido	habría entendido	entienda/ no entienda
nosotros	habíamos entendido	entendiéramos/ entendiésemos	hayamos entendido	hubiéramos entendido	habremos entendido	habríamos entendido	entendamos/ no entendamos
vosotros	habíais entendido	entendierais/ entendieseis	hayáis entendido	hubierais entendido	habréis entendido	habríais entendido	entended/ no entendáis
ellos	habían entendido	entendieran/ entendiesen	hayan entendido	hubieran entendido	habrán entendido	habrían entendido	entiendan/ no entiendan

Lo siento, no lo entiendo. (I'm sorry, I don't understand.)

entrar to enter/to get in entrado/entrando

	presente	pretérito imperfecto	pretérito indefinido	pretérito perfecto	futuro	condicional presente	subjuntivo presente
yo	entro	entraba	entré	he entrado	entraré	entraría	entre
tú	entras	entrabas	entraste	has entrado	entrarás	entrarías	entres
él	entra	entraba	entró	ha entrado	entrará	entraría	entre
nosotros	entramos	entrábamos	entramos	hemos entrado	entraremos	entraríamos	entremos
vosotros	entráis	entrabais	entrasteis	habéis entrado	entraréis	entraríais	entréis
ellos	entran	entraban	entraron	han entrado	entrarán	entrarían	entren
	pretérito pq.perfecto	subj.pret. imperfecto	subj.pret. perfecto	subj.pret. pq.perfecto	futuro perfecto	condicional compuesto	imperativo afirm./neg.
yo	había entrado	entrara/ entrase	haya entrado	hubiera entrado	habré entrado	habría entrado	
tú	habías entrado	entraras/ entrases	hayas entrado	hubieras entrado	habrás entrado	habrías entrado	entra/ no entres
él	había entrado	entrara/ entrase	haya entrado	hubiera entrado	habrá entrado	habría entrado	entre/ no entre
nosotros	habíamos entrado	entráramos/ entrásemos	hayamos entrado	hubiéramos entrado	habremos entrado	habríamos entrado	entremos/ no entremos
vosotros	habíais entrado	entrarais/ entraseis	hayáis entrado	hubierais entrado	habréis entrado	habríais entrado	entrad/ no entréis
ellos	habían entrado	entraran/ entrasen	hayan entrado	hubieran entrado	habrán entrado	habrían entrado	entren/ no entren

Por favor, entra y siéntate, la reunión está a punto de comenzar. (Please come in and sit down, the meeting is about to start.)

entregar to deliver entregado/entregando

	presente	pretérito imperfecto	pretérito indefinido	pretérito perfecto	futuro	condicional presente	subjuntivo presente
yo	entrego	entregaba	entregué	he entregado	entregaré	entregaría	entregue
tú	entregas	entregabas	entregaste	has entregado	entregarás	entregarías	entregues
él	entrega	entregaba	entregó	ha entregado	entregará	entregaría	entregue
nosotros	entregamos	entregábamos	entregamos	hemos entregado	entregaremos	entregaríamos	entreguemos
vosotros	entregáis	entregabais	entregasteis	habéis entregado	entregaréis	entregaríais	entreguéis
ellos	entregan	entregaban	entregaron	han entregado	entregarán	entregarían	entreguen
	pretérito pq.perfecto	subj.pret. imperfecto	subj.pret. perfecto	subj.pret. pq.perfecto	futuro perfecto	condicional compuesto	imperativo afirm./neg.
yo	había entregado	entregara/ entregase	haya entregado	hubiera entregado	habré entregado	habría entregado	
tú	habías entregado	entregaras/ entregases	hayas entregado	hubieras entregado	habrás entregado	habrías entregado	entrega/ no entregues
él	había entregado	entregara/ entregase	haya entregado	hubiera entregado	habrá entregado	habría entregado	entregue/ no entregue
nosotros	habíamos entregado	entregáramos/ entregásemos	hayamos entregado	hubiéramos entregado	habremos entregado	habríamos entregado	entreguemos/ no entreguemos
vosotros	habíais entregado	entregarais/ entregaseis	hayáis entregado	hubierais entregado	habréis entregado	habríais entregado	entregad/ no entreguéis
ellos	habían entregado	entregaran/ entregasen	hayan entregado	hubieran entregado	habrán entregado	habrían entregado	entreguen/ no entreguen

El mensajero entregó el paquete en mi puerta esta mañana. (The courier delivered the package to my door this morning.)

enviar to send — enviado/enviando

	presente	pretérito imperfecto	pretérito indefinido	pretérito perfecto	futuro	condicional presente	subjuntivo presente
yo	envío	enviaba	envié	he enviado	enviaré	enviaría	envíe
tú	envías	enviabas	enviaste	has enviado	enviarás	enviarías	envíes
él	envía	enviaba	envió	ha enviado	enviará	enviaría	envíe
nosotros	enviamos	enviábamos	enviamos	hemos enviado	enviaremos	enviaríamos	enviemos
vosotros	enviáis	enviabais	enviasteis	habéis enviado	enviaréis	enviaríais	enviéis
ellos	envían	enviaban	enviaron	han enviado	enviarán	enviarían	envíen

	pretérito pq.perfecto	subj.pret. imperfecto	subj.pret. perfecto	subj.pret. pq.perfecto	futuro perfecto	condicional compuesto	imperativo afirm./neg.
yo	había enviado	enviara/ enviase	haya enviado	hubiera enviado	habré enviado	habría enviado	
tú	habías enviado	enviaras/ enviases	hayas enviado	hubieras enviado	habrás enviado	habrías enviado	envía/ no envíes
él	había enviado	enviara/ enviase	haya enviado	hubiera enviado	habrá enviado	habría enviado	envíe/ no envíe
nosotros	habíamos enviado	enviáramos/ enviásemos	hayamos enviado	hubiéramos enviado	habremos enviado	habríamos enviado	enviemos/ no enviemos
vosotros	habíais enviado	enviarais/ enviaseis	hayáis enviado	hubierais enviado	habréis enviado	habríais enviado	enviad/ no enviéis
ellos	habían enviado	enviaran/ enviasen	hayan enviado	hubieran enviado	habrán enviado	habrían enviado	envíen/ no envíen

Voy a enviar un correo electrónico para confirmar la cita. (I'll send an email to confirm the appointment.)

escribir to write — escrito/escribiendo

	presente	pretérito imperfecto	pretérito indefinido	pretérito perfecto	futuro	condicional presente	subjuntivo presente
yo	escribo	escribía	escribí	he escrito	escribiré	escribiría	escriba
tú	escribes	escribías	escribiste	has escrito	escribirás	escribirías	escribas
él	escribe	escribía	escribió	ha escrito	escribirá	escribiría	escriba
nosotros	escribimos	escribíamos	escribimos	hemos escrito	escribiremos	escribiríamos	escribamos
vosotros	escribís	escribíais	escribisteis	habéis escrito	escribiréis	escribiríais	escribáis
ellos	escriben	escribían	escribieron	han escrito	escribirán	escribirían	escriban

	pretérito pq.perfecto	subj.pret. imperfecto	subj.pret. perfecto	subj.pret. pq.perfecto	futuro perfecto	condicional compuesto	imperativo afirm./neg.
yo	había escrito	escribiera/ escribiese	haya escrito	hubiera escrito	habré escrito	habría escrito	
tú	habías escrito	escribieras/ escribieses	hayas escrito	hubieras escrito	habrás escrito	habrías escrito	escribe/ no escribas
él	había escrito	escribiera/ escribiese	haya escrito	hubiera escrito	habrá escrito	habría escrito	escriba/ no escriba
nosotros	habíamos escrito	escribiéramos/ escribiésemos	hayamos escrito	hubiéramos escrito	habremos escrito	habríamos escrito	escribamos/ no escribamos
vosotros	habíais escrito	escribierais/ escribieseis	hayáis escrito	hubierais escrito	habréis escrito	habríais escrito	escribid/ no escribáis
ellos	habían escrito	escribieran/ escribiesen	hayan escrito	hubieran escrito	habrán escrito	habrían escrito	escriban/ no escriban

Me encanta escribir historias cortas en mi tiempo libre. (I really enjoy writing short stories in my free time.)

escuchar to listen — escuchado/escuchando

	presente	pretérito imperfecto	pretérito indefinido	pretérito perfecto	futuro	condicional presente	subjuntivo presente
yo	escucho	escuchaba	escuché	he escuchado	escucharé	escucharía	escuche
tú	escuchas	escuchabas	escuchaste	has escuchado	escucharás	escucharías	escuches
él	escucha	escuchaba	escuchó	ha escuchado	escuchará	escucharía	escuche
nosotros	escuchamos	escuchábamos	escuchamos	hemos escuchado	escucharemos	escucharíamos	escuchemos
vosotros	escucháis	escuchabais	escuchasteis	habéis escuchado	escucharéis	escucharíais	escuchéis
ellos	escuchan	escuchaban	escucharon	han escuchado	escucharán	escucharían	escuchen

	pretérito pq.perfecto	subj.pret. imperfecto	subj.pret. perfecto	subj.pret. pq.perfecto	futuro perfecto	condicional compuesto	imperativo afirm./neg.
yo	había escuchado	escuchara/ escuchase	haya escuchado	hubiera escuchado	habré escuchado	habría escuchado	
tú	habías escuchado	escucharas/ escuchases	hayas escuchado	hubieras escuchado	habrás escuchado	habrías escuchado	escucha/ no escuches
él	había escuchado	escuchara/ escuchase	haya escuchado	hubiera escuchado	habrá escuchado	habría escuchado	escuche/ no escuche
nosotros	habíamos escuchado	escucháramos/ escuchásemos	hayamos escuchado	hubiéramos escuchado	habremos escuchado	habríamos escuchado	escuchemos/ no escuchemos
vosotros	habíais escuchado	escucharais/ escuchaseis	hayáis escuchado	hubierais escuchado	habréis escuchado	habríais escuchado	escuchad/ no escuchéis
ellos	habían escuchado	escucharan/ escuchasen	hayan escuchado	hubieran escuchado	habrán escuchado	habrían escuchado	escuchen/ no escuchen

Por favor, escucha atentamente lo que tengo que decir. (Please listen carefully to what I have to say.)

esperar to wait/to hope — esperado/esperando

	presente	pretérito imperfecto	pretérito indefinido	pretérito perfecto	futuro	condicional presente	subjuntivo presente
yo	espero	esperaba	esperé	he esperado	esperaré	esperaría	espere
tú	esperas	esperabas	esperaste	has esperado	esperarás	esperarías	esperes
él	espera	esperaba	esperó	ha esperado	esperará	esperaría	espere
nosotros	esperamos	esperábamos	esperamos	hemos esperado	esperaremos	esperaríamos	esperemos
vosotros	esperáis	esperabais	esperasteis	habéis esperado	esperaréis	esperaríais	esperéis
ellos	esperan	esperaban	esperaron	han esperado	esperarán	esperarían	esperen

	pretérito pq.perfecto	subj.pret. imperfecto	subj.pret. perfecto	subj.pret. pq.perfecto	futuro perfecto	condicional compuesto	imperativo afirm./neg.
yo	había esperado	esperara/ esperase	haya esperado	hubiera esperado	habré esperado	habría esperado	
tú	habías esperado	esperaras/ esperases	hayas esperado	hubieras esperado	habrás esperado	habrías esperado	espera/ no esperes
él	había esperado	esperara/ esperase	haya esperado	hubiera esperado	habrá esperado	habría esperado	espere/ no espere
nosotros	habíamos esperado	esperáramos/ esperásemos	hayamos esperado	hubiéramos esperado	habremos esperado	habríamos esperado	esperemos/ no esperemos
vosotros	habíais esperado	esperarais/ esperaseis	hayáis esperado	hubierais esperado	habréis esperado	habríais esperado	esperad/ no esperéis
ellos	habían esperado	esperaran/ esperasen	hayan esperado	hubieran esperado	habrán esperado	habrían esperado	esperen/ no esperen

Estoy esperando a mi amigo en el café, ¿puedo pedir algo mientras tanto? (I'm waiting for my friend at the café, can I order something in the meantime?)

establecer to establish — establecido/estableciendo

	presente	pretérito imperfecto	pretérito indefinido	pretérito perfecto	futuro	condicional presente	subjuntivo presente
yo	establezco	establecía	establecí	he establecido	estableceré	establecería	establezca
tú	estableces	establecías	estableciste	has establecido	establecerás	establecerías	establezcas
él	establece	establecía	estableció	ha establecido	establecerá	establecería	establezca
nosotros	establecemos	establecíamos	establecimos	hemos establecido	estableceremos	estableceríamos	establezcamos
vosotros	establecéis	establecíais	establecisteis	habéis establecido	estableceréis	estableceríais	establezcáis
ellos	establecen	establecían	establecieron	han establecido	establecerán	establecerían	establezcan

	pretérito pq.perfecto	subj.pret. imperfecto	subj.pret. perfecto	subj.pret. pq.perfecto	futuro perfecto	condicional compuesto	imperativo afirm./neg.
yo	había establecido	estableciera/ estableciese	haya establecido	hubiera establecido	habré establecido	habría establecido	
tú	habías establecido	establecieras/ establecieses	hayas establecido	hubieras establecido	habrás establecido	habrías establecido	establece/ no establezcas
él	había establecido	estableciera/ estableciese	haya establecido	hubiera establecido	habrá establecido	habría establecido	establezca/ no establezca
nosotros	habíamos establecido	estableciéramos/ estableciésemos	hayamos establecido	hubiéramos establecido	habremos establecido	habríamos establecido	establezcamos/ no establezcamos
vosotros	habíais establecido	establecierais/ establecieseis	hayáis establecido	hubierais establecido	habréis establecido	habríais establecido	estableced/ no establezcáis
ellos	habían establecido	establecieran/ estableciesen	hayan establecido	hubieran establecido	habrán establecido	habrían establecido	establezcan/ no establezcan

Esta aerolínea estableció un nuevo récord de puntualidad. (This airline set a new punctuality record.)

estar to be — estado/estando

	presente	pretérito imperfecto	pretérito indefinido	pretérito perfecto	futuro	condicional presente	subjuntivo presente
yo	estoy	estaba	estuve	he estado	estaré	estaría	esté
tú	estás	estabas	estuviste	has estado	estarás	estarías	estés
él	está	estaba	estuvo	ha estado	estará	estaría	esté
nosotros	estamos	estábamos	estuvimos	hemos estado	estaremos	estaríamos	estemos
vosotros	estáis	estabais	estuvisteis	habéis estado	estaréis	estaríais	estéis
ellos	están	estaban	estuvieron	han estado	estarán	estarían	estén

	pretérito pq.perfecto	subj.pret. imperfecto	subj.pret. perfecto	subj.pret. pq.perfecto	futuro perfecto	condicional compuesto	imperativo afirm./neg.
yo	había estado	estuviera/ estuviese	haya estado	hubiera estado	habré estado	habría estado	
tú	habías estado	estuvieras/ estuvieses	hayas estado	hubieras estado	habrás estado	habrías estado	está/ no estés
él	había estado	estuviera/ estuviese	haya estado	hubiera estado	habrá estado	habría estado	esté/ no esté
nosotros	habíamos estado	estuviéramos/ estuviésemos	hayamos estado	hubiéramos estado	habremos estado	habríamos estado	estemos/ no estemos
vosotros	habíais estado	estuvierais/ estuvieseis	hayáis estado	hubierais estado	habréis estado	habríais estado	estad/ no estéis
ellos	habían estado	estuvieran/ estuviesen	hayan estado	hubieran estado	habrán estado	habrían estado	estén/ no estén

Estoy cansado. (I am tired.)

estudiar to study — estudiado/estudiando

	presente	pretérito imperfecto	pretérito indefinido	pretérito perfecto	futuro	condicional presente	subjuntivo presente
yo	estudio	estudiaba	estudié	he estudiado	estudiaré	estudiaría	estudie
tú	estudias	estudiabas	estudiaste	has estudiado	estudiarás	estudiarías	estudies
él	estudia	estudiaba	estudió	ha estudiado	estudiará	estudiaría	estudie
nosotros	estudiamos	estudiábamos	estudiamos	hemos estudiado	estudiaremos	estudiaríamos	estudiemos
vosotros	estudiáis	estudiabais	estudiasteis	habéis estudiado	estudiaréis	estudiaríais	estudiéis
ellos	estudian	estudiaban	estudiaron	han estudiado	estudiarán	estudiarían	estudien

	pretérito pq.perfecto	subj.pret. imperfecto	subj.pret. perfecto	subj.pret. pq.perfecto	futuro perfecto	condicional compuesto	imperativo afirm./neg.
yo	había estudiado	estudiara/ estudiase	haya estudiado	hubiera estudiado	habré estudiado	habría estudiado	
tú	habías estudiado	estudiaras/ estudiases	hayas estudiado	hubieras estudiado	habrás estudiado	habrías estudiado	estudia/ no estudies
él	había estudiado	estudiara/ estudiase	haya estudiado	hubiera estudiado	habrá estudiado	habría estudiado	estudie/ no estudie
nosotros	habíamos estudiado	estudiáramos/ estudiásemos	hayamos estudiado	hubiéramos estudiado	habremos estudiado	habríamos estudiado	estudiemos/ no estudiemos
vosotros	habíais estudiado	estudiarais/ estudiaseis	hayáis estudiado	hubierais estudiado	habréis estudiado	habríais estudiado	estudiad/ no estudiéis
ellos	habían estudiado	estudiaran/ estudiasen	hayan estudiado	hubieran estudiado	habrán estudiado	habrían estudiado	estudien/ no estudien

Necesito estudiar para el examen de historia mañana. (I need to study for the history exam tomorrow.)

evitar to avoid — evitado/evitando

	presente	pretérito imperfecto	pretérito indefinido	pretérito perfecto	futuro	condicional presente	subjuntivo presente
yo	evito	evitaba	evité	he evitado	evitaré	evitaría	evite
tú	evitas	evitabas	evitaste	has evitado	evitarás	evitarías	evites
él	evita	evitaba	evitó	ha evitado	evitará	evitaría	evite
nosotros	evitamos	evitábamos	evitamos	hemos evitado	evitaremos	evitaríamos	evitemos
vosotros	evitáis	evitabais	evitasteis	habéis evitado	evitaréis	evitaríais	evitéis
ellos	evitan	evitaban	evitaron	han evitado	evitarán	evitarían	eviten

	pretérito pq.perfecto	subj.pret. imperfecto	subj.pret. perfecto	subj.pret. pq.perfecto	futuro perfecto	condicional compuesto	imperativo afirm./neg.
yo	había evitado	evitara/ evitase	haya evitado	hubiera evitado	habré evitado	habría evitado	
tú	habías evitado	evitaras/ evitases	hayas evitado	hubieras evitado	habrás evitado	habrías evitado	evita/ no evites
él	había evitado	evitara/ evitase	haya evitado	hubiera evitado	habrá evitado	habría evitado	evite/ no evite
nosotros	habíamos evitado	evitáramos/ evitásemos	hayamos evitado	hubiéramos evitado	habremos evitado	habríamos evitado	evitemos/ no evitemos
vosotros	habíais evitado	evitarais/ evitaseis	hayáis evitado	hubierais evitado	habréis evitado	habríais evitado	evitad/ no evitéis
ellos	habían evitado	evitaran/ evitasen	hayan evitado	hubieran evitado	habrán evitado	habrían evitado	eviten/ no eviten

Trato de evitar comer alimentos poco saludables. (I try to avoid eating unhealthy food.)

exigir to demand — exigido/exigiendo

	presente	pretérito imperfecto	pretérito indefinido	pretérito perfecto	futuro	condicional presente	subjuntivo presente
yo	exijo	exigía	exigí	he exigido	exigiré	exigiría	exija
tú	exiges	exigías	exigiste	has exigido	exigirás	exigirías	exijas
él	exige	exigía	exigió	ha exigido	exigirá	exigiría	exija
nosotros	exigimos	exigíamos	exigimos	hemos exigido	exigiremos	exigiríamos	exijamos
vosotros	exigís	exigíais	exigisteis	habéis exigido	exigiréis	exigiríais	exijáis
ellos	exigen	exigían	exigieron	han exigido	exigirán	exigirían	exijan

	pretérito pq.perfecto	subj.pret. imperfecto	subj.pret. perfecto	subj.pret. pq.perfecto	futuro perfecto	condicional compuesto	imperativo afirm./neg.
yo	había exigido	exigiera/ exigiese	haya exigido	hubiera exigido	habré exigido	habría exigido	
tú	habías exigido	exigieras/ exigieses	hayas exigido	hubieras exigido	habrás exigido	habrías exigido	exige/ no exijas
él	había exigido	exigiera/ exigiese	haya exigido	hubiera exigido	habrá exigido	habría exigido	exija/ no exija
nosotros	habíamos exigido	exigiéramos/ exigiésemos	hayamos exigido	hubiéramos exigido	habremos exigido	habríamos exigido	exijamos/ no exijamos
vosotros	habíais exigido	exigierais/ exigieseis	hayáis exigido	hubierais exigido	habréis exigido	habríais exigido	exigid/ no exijáis
ellos	habían exigido	exigieran/ exigiesen	hayan exigido	hubieran exigido	habrán exigido	habrían exigido	exijan/ no exijan

El cliente exigió un reembolso por el producto defectuoso. (The client demanded a refund for the defective product.)

existir to exist — existido/existiendo

	presente	pretérito imperfecto	pretérito indefinido	pretérito perfecto	futuro	condicional presente	subjuntivo presente
yo	existo	existía	existí	he existido	existiré	existiría	exista
tú	existes	existías	exististe	has existido	existirás	existirías	existas
él	existe	existía	existió	ha existido	existirá	existiría	exista
nosotros	existimos	existíamos	existimos	hemos existido	existiremos	existiríamos	existamos
vosotros	existís	existíais	exististeis	habéis existido	existiréis	existiríais	existáis
ellos	existen	existían	existieron	han existido	existirán	existirían	existan

	pretérito pq.perfecto	subj.pret. imperfecto	subj.pret. perfecto	subj.pret. pq.perfecto	futuro perfecto	condicional compuesto	imperativo afirm./neg.
yo	había existido	existiera/ existiese	haya existido	hubiera existido	habré existido	habría existido	
tú	habías existido	existieras/ existieses	hayas existido	hubieras existido	habrás existido	habrías existido	existe/ no existas
él	había existido	existiera/ existiese	haya existido	hubiera existido	habrá existido	habría existido	exista/ no exista
nosotros	habíamos existido	existiéramos/ existiésemos	hayamos existido	hubiéramos existido	habremos existido	habríamos existido	existamos/ no existamos
vosotros	habíais existido	existierais/ existieseis	hayáis existido	hubierais existido	habréis existido	habríais existido	existid/ no existáis
ellos	habían existido	existieran/ existiesen	hayan existido	hubieran existido	habrán existido	habrían existido	existan/ no existan

Se rumorea que existe una sociedad secreta en esta ciudad. (Rumor has it that there is a secret society in this town.)

explicar — to explain — explicado/explicando

	presente	pretérito imperfecto	pretérito indefinido	pretérito perfecto	futuro	condicional presente	subjuntivo presente
yo	explico	explicaba	expliqué	he explicado	explicaré	explicaría	explique
tú	explicas	explicabas	explicaste	has explicado	explicarás	explicarías	expliques
él	explica	explicaba	explicó	ha explicado	explicará	explicaría	explique
nosotros	explicamos	explicábamos	explicamos	hemos explicado	explicaremos	explicaríamos	expliquemos
vosotros	explicáis	explicabais	explicasteis	habéis explicado	explicaréis	explicaríais	expliquéis
ellos	explican	explicaban	explicaron	han explicado	explicarán	explicarían	expliquen

	pretérito pq.perfecto	subj.pret. imperfecto	subj.pret. perfecto	subj.pret. pq.perfecto	futuro perfecto	condicional compuesto	imperativo afirm./neg.
yo	había explicado	explicara/ explicase	haya explicado	hubiera explicado	habré explicado	habría explicado	
tú	habías explicado	explicaras/ explicases	hayas explicado	hubieras explicado	habrás explicado	habrías explicado	explica/ no expliques
él	había explicado	explicara/ explicase	haya explicado	hubiera explicado	habrá explicado	habría explicado	explique/ no explique
nosotros	habíamos explicado	explicáramos/ explicásemos	hayamos explicado	hubiéramos explicado	habremos explicado	habríamos explicado	expliquemos/ no expliquemos
vosotros	habíais explicado	explicarais/ explicaseis	hayáis explicado	hubierais explicado	habréis explicado	habríais explicado	explicad/ no expliquéis
ellos	habían explicado	explicaran/ explicasen	hayan explicado	hubieran explicado	habrán explicado	habrían explicado	expliquen/ no expliquen

Permíteme explicarte cómo funciona este nuevo sistema. (Let me explain how this new system works.)

expresar — to express — expreso/expresando

	presente	pretérito imperfecto	pretérito indefinido	pretérito perfecto	futuro	condicional presente	subjuntivo presente
yo	expreso	expresaba	expresé	he expreso	expresaré	expresaría	exprese
tú	expresas	expresabas	expresaste	has expreso	expresarás	expresarías	expreses
él	expresa	expresaba	expresó	ha expreso	expresará	expresaría	exprese
nosotros	expresamos	expresábamos	expresamos	hemos expreso	expresaremos	expresaríamos	expresemos
vosotros	expresáis	expresabais	expresasteis	habéis expreso	expresaréis	expresaríais	expreséis
ellos	expresan	expresaban	expresaron	han expreso	expresarán	expresarían	expresen

	pretérito pq.perfecto	subj.pret. imperfecto	subj.pret. perfecto	subj.pret. pq.perfecto	futuro perfecto	condicional compuesto	imperativo afirm./neg.
yo	había expreso	expresara/ expresase	haya expreso	hubiera expreso	habré expreso	habría expreso	
tú	habías expreso	expresaras/ expresases	hayas expreso	hubieras expreso	habrás expreso	habrías expreso	expresa/ no expreses
él	había expreso	expresara/ expresase	haya expreso	hubiera expreso	habrá expreso	habría expreso	exprese/ no exprese
nosotros	habíamos expreso	expresáramos/ expresásemos	hayamos expreso	hubiéramos expreso	habremos expreso	habríamos expreso	expresemos/ no expresemos
vosotros	habíais expreso	expresarais/ expresaseis	hayáis expreso	hubierais expreso	habréis expreso	habríais expreso	expresad/ no expreséis
ellos	habían expreso	expresaran/ expresasen	hayan expreso	hubieran expreso	habrán expreso	habrían expreso	expresen/ no expresen

La pintura abstracta expresa emociones y sentimientos profundos. (Abstract painting expresses deep emotions and feelings.)

faltar to lack/to miss — faltado/faltando

	presente	pretérito imperfecto	pretérito indefinido	pretérito perfecto	futuro	condicional presente	subjuntivo presente
yo	falto	faltaba	falté	he faltado	faltaré	faltaría	falte
tú	faltas	faltabas	faltaste	has faltado	faltarás	faltarías	faltes
él	falta	faltaba	faltó	ha faltado	faltará	faltaría	falte
nosotros	faltamos	faltábamos	faltamos	hemos faltado	faltaremos	faltaríamos	faltemos
vosotros	faltáis	faltabais	faltasteis	habéis faltado	faltaréis	faltaríais	faltéis
ellos	faltan	faltaban	faltaron	han faltado	faltarán	faltarían	falten

	pretérito pq.perfecto	subj.pret. imperfecto	subj.pret. perfecto	subj.pret. pq.perfecto	futuro perfecto	condicional compuesto	imperativo afirm./neg.
yo	había faltado	faltara/ faltase	haya faltado	hubiera faltado	habré faltado	habría faltado	
tú	habías faltado	faltaras/ faltases	hayas faltado	hubieras faltado	habrás faltado	habrías faltado	falta/ no faltes
él	había faltado	faltara/ faltase	haya faltado	hubiera faltado	habrá faltado	habría faltado	falte/ no falte
nosotros	habíamos faltado	faltáramos/ faltásemos	hayamos faltado	hubiéramos faltado	habremos faltado	habríamos faltado	faltemos/ no faltemos
vosotros	habíais faltado	faltarais/ faltaseis	hayáis faltado	hubierais faltado	habréis faltado	habríais faltado	faltad/ no faltéis
ellos	habían faltado	faltaran/ faltasen	hayan faltado	hubieran faltado	habrán faltado	habrían faltado	falten/ no falten

Me gustaría ir a la fiesta, pero me faltan los medios de transporte. (I would like to go to the party, but I lack the means of transportation.)

formar to form — formado/formando

	presente	pretérito imperfecto	pretérito indefinido	pretérito perfecto	futuro	condicional presente	subjuntivo presente
yo	formo	formaba	formé	he formado	formaré	formaría	forme
tú	formas	formabas	formaste	has formado	formarás	formarías	formes
él	forma	formaba	formó	ha formado	formará	formaría	forme
nosotros	formamos	formábamos	formamos	hemos formado	formaremos	formaríamos	formemos
vosotros	formáis	formabais	formasteis	habéis formado	formaréis	formaríais	forméis
ellos	forman	formaban	formaron	han formado	formarán	formarían	formen

	pretérito pq.perfecto	subj.pret. imperfecto	subj.pret. perfecto	subj.pret. pq.perfecto	futuro perfecto	condicional compuesto	imperativo afirm./neg.
yo	había formado	formara/ formase	haya formado	hubiera formado	habré formado	habría formado	
tú	habías formado	formaras/ formases	hayas formado	hubieras formado	habrás formado	habrías formado	forma/ no formes
él	había formado	formara/ formase	haya formado	hubiera formado	habrá formado	habría formado	forme/ no forme
nosotros	habíamos formado	formáramos/ formásemos	hayamos formado	hubiéramos formado	habremos formado	habríamos formado	formemos/ no formemos
vosotros	habíais formado	formarais/ formaseis	hayáis formado	hubierais formado	habréis formado	habríais formado	formad/ no forméis
ellos	habían formado	formaran/ formasen	hayan formado	hubieran formado	habrán formado	habrían formado	formen/ no formen

Los estudiantes formaron un círculo para discutir el tema. (The students formed a group to debate the issue.)

ganar — to win/to gain — ganado/ganando

	presente	pretérito imperfecto	pretérito indefinido	pretérito perfecto	futuro	condicional presente	subjuntivo presente
yo	gano	ganaba	gané	he ganado	ganaré	ganaría	gane
tú	ganas	ganabas	ganaste	has ganado	ganarás	ganarías	ganes
él	gana	ganaba	ganó	ha ganado	ganará	ganaría	gane
nosotros	ganamos	ganábamos	ganamos	hemos ganado	ganaremos	ganaríamos	ganemos
vosotros	ganáis	ganabais	ganasteis	habéis ganado	ganaréis	ganaríais	ganéis
ellos	ganan	ganaban	ganaron	han ganado	ganarán	ganarían	ganen
	pretérito pq.perfecto	subj.pret. imperfecto	subj.pret. perfecto	subj.pret. pq.perfecto	futuro perfecto	condicional compuesto	imperativo afirm./neg.
yo	había ganado	ganara/ ganase	haya ganado	hubiera ganado	habré ganado	habría ganado	
tú	habías ganado	ganaras/ ganases	hayas ganado	hubieras ganado	habrás ganado	habrías ganado	gana/ no ganes
él	había ganado	ganara/ ganase	haya ganado	hubiera ganado	habrá ganado	habría ganado	gane/ no gane
nosotros	habíamos ganado	ganáramos/ ganásemos	hayamos ganado	hubiéramos ganado	habremos ganado	habríamos ganado	ganemos/ no ganemos
vosotros	habíais ganado	ganarais/ ganaseis	hayáis ganado	hubierais ganado	habréis ganado	habríais ganado	ganad/ no ganéis
ellos	habían ganado	ganaran/ ganasen	hayan ganado	hubieran ganado	habrán ganado	habrían ganado	ganen/ no ganen

El equipo ganó el partido con un gol en el último minuto. (The team won the game with a last minute goal.)

gustar — to like — gustado/gustando

	presente	pretérito imperfecto	pretérito indefinido	pretérito perfecto	futuro	condicional presente	subjuntivo presente
yo	gusto	gustaba	gusté	he gustado	gustaré	gustaría	guste
tú	gustas	gustabas	gustaste	has gustado	gustarás	gustarías	gustes
él	gusta	gustaba	gustó	ha gustado	gustará	gustaría	guste
nosotros	gustamos	gustábamos	gustamos	hemos gustado	gustaremos	gustaríamos	gustemos
vosotros	gustáis	gustabais	gustasteis	habéis gustado	gustaréis	gustaríais	gustéis
ellos	gustan	gustaban	gustaron	han gustado	gustarán	gustarían	gusten
	pretérito pq.perfecto	subj.pret. imperfecto	subj.pret. perfecto	subj.pret. pq.perfecto	futuro perfecto	condicional compuesto	imperativo afirm./neg.
yo	había gustado	gustara/ gustase	haya gustado	hubiera gustado	habré gustado	habría gustado	
tú	habías gustado	gustaras/ gustases	hayas gustado	hubieras gustado	habrás gustado	habrías gustado	gusta/ no gustes
él	había gustado	gustara/ gustase	haya gustado	hubiera gustado	habrá gustado	habría gustado	guste/ no guste
nosotros	habíamos gustado	gustáramos/ gustásemos	hayamos gustado	hubiéramos gustado	habremos gustado	habríamos gustado	gustemos/ no gustemos
vosotros	habíais gustado	gustarais/ gustaseis	hayáis gustado	hubierais gustado	habréis gustado	habríais gustado	gustad/ no gustéis
ellos	habían gustado	gustaran/ gustasen	hayan gustado	hubieran gustado	habrán gustado	habrían gustado	gusten/ no gusten

Me gusta mucho el chocolate, es mi dulce favorito. (I really like chocolate, it's my favorite candy.)

haber to have — habido/habiendo

	presente	pretérito imperfecto	pretérito indefinido	pretérito perfecto	futuro	condicional presente	subjuntivo presente
yo	he	había	hube	he habido	habré	habría	haya
tú	has	habías	hubiste	has habido	habrás	habrías	hayas
él	hay	había	hubo	ha habido	habrá	habría	haya
nosotros	hemos	habíamos	hubimos	hemos habido	habremos	habríamos	hayamos
vosotros	habéis	habíais	hubisteis	habéis habido	habréis	habríais	hayáis
ellos	han	habían	hubieron	han habido	habrán	habrían	hayan

	pretérito pq.perfecto	subj.pret. imperfecto	subj.pret. perfecto	subj.pret. pq.perfecto	futuro perfecto	condicional compuesto	imperativo afirm./neg.
yo	había habido	hubiera/ hubiese	haya habido	hubiera habido	habré habido	habría habido	
tú	habías habido	hubieras/ hubieses	hayas habido	hubieras habido	habrás habido	habrías habido	hé/ no hayas
él	había habido	hubiera/ hubiese	haya habido	hubiera habido	habrá habido	habría habido	haya/ no haya
nosotros	habíamos habido	hubiéramos/ hubiésemos	hayamos habido	hubiéramos habido	habremos habido	habríamos habido	hayamos/ no hayamos
vosotros	habíais habido	hubierais/ hubieseis	hayáis habido	hubierais habido	habréis habido	habríais habido	habed/ no hayáis
ellos	habían habido	hubieran/ hubiesen	hayan habido	hubieran habido	habrán habido	habrían habido	hayan/ no hayan

Ha habido un cambio en los planes, la reunión se pospuso para mañana. (There has been a change in plans, the meeting was postponed to tomorrow.)

hablar to talk — hablado/hablando

	presente	pretérito imperfecto	pretérito indefinido	pretérito perfecto	futuro	condicional presente	subjuntivo presente
yo	hablo	hablaba	hablé	he hablado	hablaré	hablaría	hable
tú	hablas	hablabas	hablaste	has hablado	hablarás	hablarías	hables
él	habla	hablaba	habló	ha hablado	hablará	hablaría	hable
nosotros	hablamos	hablábamos	hablamos	hemos hablado	hablaremos	hablaríamos	hablemos
vosotros	habláis	hablabais	hablasteis	habéis hablado	hablaréis	hablaríais	habléis
ellos	hablan	hablaban	hablaron	han hablado	hablarán	hablarían	hablen

	pretérito pq.perfecto	subj.pret. imperfecto	subj.pret. perfecto	subj.pret. pq.perfecto	futuro perfecto	condicional compuesto	imperativo afirm./neg.
yo	había hablado	hablara/ hablase	haya hablado	hubiera hablado	habré hablado	habría hablado	
tú	habías hablado	hablaras/ hablases	hayas hablado	hubieras hablado	habrás hablado	habrías hablado	habla/ no hables
él	había hablado	hablara/ hablase	haya hablado	hubiera hablado	habrá hablado	habría hablado	hable/ no hable
nosotros	habíamos hablado	habláramos/ hablásemos	hayamos hablado	hubiéramos hablado	habremos hablado	habríamos hablado	hablemos/ no hablemos
vosotros	habíais hablado	hablarais/ hablaseis	hayáis hablado	hubierais hablado	habréis hablado	habríais hablado	hablad/ no habléis
ellos	habían hablado	hablaran/ hablasen	hayan hablado	hubieran hablado	habrán hablado	habrían hablado	hablen/ no hablen

Me encanta hablar de política y debatir diferentes puntos de vista. (I love to talk politics and discuss different points of view.)

hacer to do — hecho/haciendo

	presente	pretérito imperfecto	pretérito indefinido	pretérito perfecto	futuro	condicional presente	subjuntivo presente
yo	hago	hacía	hice	he hecho	haré	haría	haga
tú	haces	hacías	hiciste	has hecho	harás	harías	hagas
él	hace	hacía	hizo	ha hecho	hará	haría	haga
nosotros	hacemos	hacíamos	hicimos	hemos hecho	haremos	haríamos	hagamos
vosotros	hacéis	hacíais	hicisteis	habéis hecho	haréis	haríais	hagáis
ellos	hacen	hacían	hicieron	han hecho	harán	harían	hagan

	pretérito pq.perfecto	subj.pret. imperfecto	subj.pret. perfecto	subj.pret. pq.perfecto	futuro perfecto	condicional compuesto	imperativo afirm./neg.
yo	había hecho	hiciera/ hiciese	haya hecho	hubiera hecho	habré hecho	habría hecho	
tú	habías hecho	hicieras/ hicieses	hayas hecho	hubieras hecho	habrás hecho	habrías hecho	haz/ no hagas
él	había hecho	hiciera/ hiciese	haya hecho	hubiera hecho	habrá hecho	habría hecho	haga/ no haga
nosotros	habíamos hecho	hiciéramos/ hiciésemos	hayamos hecho	hubiéramos hecho	habremos hecho	habríamos hecho	hagamos/ no hagamos
vosotros	habíais hecho	hicierais/ hicieseis	hayáis hecho	hubierais hecho	habréis hecho	habríais hecho	haced/ no hagáis
ellos	habían hecho	hicieran/ hiciesen	hayan hecho	hubieran hecho	habrán hecho	habrían hecho	hagan/ no hagan

Voy a hacer la cena esta noche, ¿hay alguna preferencia? (I'm making dinner tonight, is there a preference?)

hallar to find — hallado/hallando

	presente	pretérito imperfecto	pretérito indefinido	pretérito perfecto	futuro	condicional presente	subjuntivo presente
yo	hallo	hallaba	hallé	he hallado	hallaré	hallaría	halle
tú	hallas	hallabas	hallaste	has hallado	hallarás	hallarías	halles
él	halla	hallaba	halló	ha hallado	hallará	hallaría	halle
nosotros	hallamos	hallábamos	hallamos	hemos hallado	hallaremos	hallaríamos	hallemos
vosotros	halláis	hallabais	hallasteis	habéis hallado	hallaréis	hallaríais	halléis
ellos	hallan	hallaban	hallaron	han hallado	hallarán	hallarían	hallen

	pretérito pq.perfecto	subj.pret. imperfecto	subj.pret. perfecto	subj.pret. pq.perfecto	futuro perfecto	condicional compuesto	imperativo afirm./neg.
yo	había hallado	hallara/ hallase	haya hallado	hubiera hallado	habré hallado	habría hallado	
tú	habías hallado	hallaras/ hallases	hayas hallado	hubieras hallado	habrás hallado	habrías hallado	halla/ no halles
él	había hallado	hallara/ hallase	haya hallado	hubiera hallado	habrá hallado	habría hallado	halle/ no halle
nosotros	habíamos hallado	halláramos/ hallásemos	hayamos hallado	hubiéramos hallado	habremos hallado	habríamos hallado	hallemos/ no hallemos
vosotros	habíais hallado	hallarais/ hallaseis	hayáis hallado	hubierais hallado	habréis hallado	habríais hallado	hallad/ no halléis
ellos	habían hallado	hallaran/ hallasen	hayan hallado	hubieran hallado	habrán hallado	habrían hallado	hallen/ no hallen

Hallé un tesoro escondido en el jardín de mi abuela. (I found a hidden treasure in my grandmother's garden.)

imaginar to imagine imaginado/imaginando

	presente	pretérito imperfecto	pretérito indefinido	pretérito perfecto	futuro	condicional presente	subjuntivo presente
yo	imagino	imaginaba	imaginé	he imaginado	imaginaré	imaginaría	imagine
tú	imaginas	imaginabas	imaginaste	has imaginado	imaginarás	imaginarías	imagines
él	imagina	imaginaba	imaginó	ha imaginado	imaginará	imaginaría	imagine
nosotros	imaginamos	imaginábamos	imaginamos	hemos imaginado	imaginaremos	imaginaríamos	imaginemos
vosotros	imagináis	imaginabais	imaginasteis	habéis imaginado	imaginaréis	imaginaríais	imaginéis
ellos	imaginan	imaginaban	imaginaron	han imaginado	imaginarán	imaginarían	imaginen

	pretérito pq.perfecto	subj.pret. imperfecto	subj.pret. perfecto	subj.pret. pq.perfecto	futuro perfecto	condicional compuesto	imperativo afirm./neg.
yo	había imaginado	imaginara/ imaginase	haya imaginado	hubiera imaginado	habré imaginado	habría imaginado	
tú	habías imaginado	imaginaras/ imaginases	hayas imaginado	hubieras imaginado	habrás imaginado	habrías imaginado	imagina/ no imagines
él	había imaginado	imaginara/ imaginase	haya imaginado	hubiera imaginado	habrá imaginado	habría imaginado	imagine/ no imagine
nosotros	habíamos imaginado	imagináramos/ imaginásemos	hayamos imaginado	hubiéramos imaginado	habremos imaginado	habríamos imaginado	imaginemos/ no imaginemos
vosotros	habíais imaginado	imaginarais/ imaginaseis	hayáis imaginado	hubierais imaginado	habréis imaginado	habríais imaginado	imaginad/ no imaginéis
ellos	habían imaginado	imaginaran/ imaginasen	hayan imaginado	hubieran imaginado	habrán imaginado	habrían imaginado	imaginen/ no imaginen

Puedo imaginar un futuro brillante y exitoso para ti. (I can imagine a bright and successful future for you.)

impedir to prevent impedido/impidiendo

	presente	pretérito imperfecto	pretérito indefinido	pretérito perfecto	futuro	condicional presente	subjuntivo presente
yo	impido	impedía	impedí	he impedido	impediré	impediría	impida
tú	impides	impedías	impediste	has impedido	impedirás	impedirías	impidas
él	impide	impedía	impidió	ha impedido	impedirá	impediría	impida
nosotros	impedimos	impedíamos	impedimos	hemos impedido	impediremos	impediríamos	impidamos
vosotros	impedís	impedíais	impedisteis	habéis impedido	impediréis	impediríais	impidáis
ellos	impiden	impedían	impidieron	han impedido	impedirán	impedirían	impidan

	pretérito pq.perfecto	subj.pret. imperfecto	subj.pret. perfecto	subj.pret. pq.perfecto	futuro perfecto	condicional compuesto	imperativo afirm./neg.
yo	había impedido	impidiera/ impidiese	haya impedido	hubiera impedido	habré impedido	habría impedido	
tú	habías impedido	impidieras/ impidieses	hayas impedido	hubieras impedido	habrás impedido	habrías impedido	impide/ no impidas
él	había impedido	impidiera/ impidiese	haya impedido	hubiera impedido	habrá impedido	habría impedido	impida/ no impida
nosotros	habíamos impedido	impidiéramos/ impidiésemos	hayamos impedido	hubiéramos impedido	habremos impedido	habríamos impedido	impidamos/ no impidamos
vosotros	habíais impedido	impidierais/ impidieseis	hayáis impedido	hubierais impedido	habréis impedido	habríais impedido	impedid/ no impidáis
ellos	habían impedido	impidieran/ impidiesen	hayan impedido	hubieran impedido	habrán impedido	habrían impedido	impidan/ no impidan

La construcción del muro impidió el paso de los migrantes. (The construction of the wall prevented the passage of migrants.)

imponer to impose   impuesto/imponiendo

	presente	pretérito imperfecto	pretérito indefinido	pretérito perfecto	futuro	condicional presente	subjuntivo presente
yo	impongo	imponía	impuse	he impuesto	impondré	impondría	imponga
tú	impones	imponías	impusiste	has impuesto	impondrás	impondrías	impongas
él	impone	imponía	impuso	ha impuesto	impondrá	impondría	imponga
nosotros	imponemos	imponíamos	impusimos	hemos impuesto	impondremos	impondríamos	impongamos
vosotros	imponéis	imponíais	impusisteis	habéis impuesto	impondréis	impondríais	impongáis
ellos	imponen	imponían	impusieron	han impuesto	impondrán	impondrían	impongan
	pretérito pq.perfecto	subj.pret. imperfecto	subj.pret. perfecto	subj.pret. pq.perfecto	futuro perfecto	condicional compuesto	imperativo afirm./neg.
yo	había impuesto	impusiera/ impusiese	haya impuesto	hubiera impuesto	habré impuesto	habría impuesto	
tú	habías impuesto	impusieras/ impusieses	hayas impuesto	hubieras impuesto	habrás impuesto	habrías impuesto	impón/ no impongas
él	había impuesto	impusiera/ impusiese	haya impuesto	hubiera impuesto	habrá impuesto	habría impuesto	imponga/ no imponga
nosotros	habíamos impuesto	impusiéramos/ impusiésemos	hayamos impuesto	hubiéramos impuesto	habremos impuesto	habríamos impuesto	impongamos/ no impongamos
vosotros	habíais impuesto	impusierais/ impusieseis	hayáis impuesto	hubierais impuesto	habréis impuesto	habríais impuesto	imponed/ no impongáis
ellos	habían impuesto	impusieran/ impusiesen	hayan impuesto	hubieran impuesto	habrán impuesto	habrían impuesto	impongan/ no impongan

El dictador impuso leyes estrictas en el país. (The dictator imposed strict laws in the country.)

incluir to include   incluso/incluyendo

	presente	pretérito imperfecto	pretérito indefinido	pretérito perfecto	futuro	condicional presente	subjuntivo presente
yo	incluyo	incluía	incluí	he incluso	incluiré	incluiría	incluya
tú	incluyes	incluías	incluiste	has incluso	incluirás	incluirías	incluyas
él	incluye	incluía	incluyó	ha incluso	incluirá	incluiría	incluya
nosotros	incluimos	incluíamos	incluimos	hemos incluso	incluiremos	incluiríamos	incluyamos
vosotros	incluís	incluíais	incluisteis	habéis incluso	incluiréis	incluiríais	incluyáis
ellos	incluyen	incluían	incluyeron	han incluso	incluirán	incluirían	incluyan
	pretérito pq.perfecto	subj.pret. imperfecto	subj.pret. perfecto	subj.pret. pq.perfecto	futuro perfecto	condicional compuesto	imperativo afirm./neg.
yo	había incluso	incluyera/ incluyese	haya incluso	hubiera incluso	habré incluso	habría incluso	
tú	habías incluso	incluyeras/ incluyeses	hayas incluso	hubieras incluso	habrás incluso	habrías incluso	incluye/ no incluyas
él	había incluso	incluyera/ incluyese	haya incluso	hubiera incluso	habrá incluso	habría incluso	incluya/ no incluya
nosotros	habíamos incluso	incluyéramos/ incluyésemos	hayamos incluso	hubiéramos incluso	habremos incluso	habríamos incluso	incluyamos/ no incluyamos
vosotros	habíais incluso	incluyerais/ incluyeseis	hayáis incluso	hubierais incluso	habréis incluso	habríais incluso	incluid/ no incluyáis
ellos	habían incluso	incluyeran/ incluyesen	hayan incluso	hubieran incluso	habrán incluso	habrían incluso	incluyan/ no incluyan

El paquete turístico incluye alojamiento, transporte y comidas. (The tour package includes accommodation, transportation and meals.)

indicar to indicate — indicado/indicando

	presente	pretérito imperfecto	pretérito indefinido	pretérito perfecto	futuro	condicional presente	subjuntivo presente
yo	indico	indicaba	indiqué	he indicado	indicaré	indicaría	indique
tú	indicas	indicabas	indicaste	has indicado	indicarás	indicarías	indiques
él	indica	indicaba	indicó	ha indicado	indicará	indicaría	indique
nosotros	indicamos	indicábamos	indicamos	hemos indicado	indicaremos	indicaríamos	indiquemos
vosotros	indicáis	indicabais	indicasteis	habéis indicado	indicaréis	indicaríais	indiquéis
ellos	indican	indicaban	indicaron	han indicado	indicarán	indicarían	indiquen

	pretérito pq.perfecto	subj.pret. imperfecto	subj.pret. perfecto	subj.pret. pq.perfecto	futuro perfecto	condicional compuesto	imperativo afirm./neg.
yo	había indicado	indicara/ indicase	haya indicado	hubiera indicado	habré indicado	habría indicado	
tú	habías indicado	indicaras/ indicases	hayas indicado	hubieras indicado	habrás indicado	habrías indicado	indica/ no indiques
él	había indicado	indicara/ indicase	haya indicado	hubiera indicado	habrá indicado	habría indicado	indique/ no indique
nosotros	habíamos indicado	indicáramos/ indicásemos	hayamos indicado	hubiéramos indicado	habremos indicado	habríamos indicado	indiquemos/ no indiquemos
vosotros	habíais indicado	indicarais/ indicaseis	hayáis indicado	hubierais indicado	habréis indicado	habríais indicado	indicad/ no indiquéis
ellos	habían indicado	indicaran/ indicasen	hayan indicado	hubieran indicado	habrán indicado	habrían indicado	indiquen/ no indiquen

Las señales de tránsito indican el camino correcto a seguir. (Road signs indicate the right way to go.)

informar to report — informado/informando

	presente	pretérito imperfecto	pretérito indefinido	pretérito perfecto	futuro	condicional presente	subjuntivo presente
yo	informo	informaba	informé	he informado	informaré	informaría	informe
tú	informas	informabas	informaste	has informado	informarás	informarías	informes
él	informa	informaba	informó	ha informado	informará	informaría	informe
nosotros	informamos	informábamos	informamos	hemos informado	informaremos	informaríamos	informemos
vosotros	informáis	informabais	informasteis	habéis informado	informaréis	informaríais	informéis
ellos	informan	informaban	informaron	han informado	informarán	informarían	informen

	pretérito pq.perfecto	subj.pret. imperfecto	subj.pret. perfecto	subj.pret. pq.perfecto	futuro perfecto	condicional compuesto	imperativo afirm./neg.
yo	había informado	informara/ informase	haya informado	hubiera informado	habré informado	habría informado	
tú	habías informado	informaras/ informases	hayas informado	hubieras informado	habrás informado	habrías informado	informa/ no informes
él	había informado	informara/ informase	haya informado	hubiera informado	habrá informado	habría informado	informe/ no informe
nosotros	habíamos informado	informáramos/ informásemos	hayamos informado	hubiéramos informado	habremos informado	habríamos informado	informemos/ no informemos
vosotros	habíais informado	informarais/ informaseis	hayáis informado	hubierais informado	habréis informado	habríais informado	informad/ no informéis
ellos	habían informado	informaran/ informasen	hayan informado	hubieran informado	habrán informado	habrían informado	informen/ no informen

El periodista informó sobre los últimos acontecimientos políticos. (The journalist reported on the latest political events.)

iniciar to start　　iniciado/iniciando

	presente	pretérito imperfecto	pretérito indefinido	pretérito perfecto	futuro	condicional presente	subjuntivo presente
yo	inicio	iniciaba	inicié	he iniciado	iniciaré	iniciaría	inicie
tú	inicias	iniciabas	iniciaste	has iniciado	iniciarás	iniciarías	inicies
él	inicia	iniciaba	inició	ha iniciado	iniciará	iniciaría	inicie
nosotros	iniciamos	iniciábamos	iniciamos	hemos iniciado	iniciaremos	iniciaríamos	iniciemos
vosotros	iniciáis	iniciabais	iniciasteis	habéis iniciado	iniciaréis	iniciaríais	iniciéis
ellos	inician	iniciaban	iniciaron	han iniciado	iniciarán	iniciarían	inicien

	pretérito pq.perfecto	subj.pret. imperfecto	subj.pret. perfecto	subj.pret. pq.perfecto	futuro perfecto	condicional compuesto	imperativo afirm./neg.
yo	había iniciado	iniciara/ iniciase	haya iniciado	hubiera iniciado	habré iniciado	habría iniciado	
tú	habías iniciado	iniciaras/ iniciases	hayas iniciado	hubieras iniciado	habrás iniciado	habrías iniciado	inicia/ no inicies
él	había iniciado	iniciara/ iniciase	haya iniciado	hubiera iniciado	habrá iniciado	habría iniciado	inicie/ no inicie
nosotros	habíamos iniciado	iniciáramos/ iniciásemos	hayamos iniciado	hubiéramos iniciado	habremos iniciado	habríamos iniciado	iniciemos/ no iniciemos
vosotros	habíais iniciado	iniciarais/ iniciaseis	hayáis iniciado	hubierais iniciado	habréis iniciado	habríais iniciado	iniciad/ no iniciéis
ellos	habían iniciado	iniciaran/ iniciasen	hayan iniciado	hubieran iniciado	habrán iniciado	habrían iniciado	inicien/ no inicien

Vamos a iniciar la reunión con una breve presentación. (We will start the meeting with a brief presentation.)

insistir to insist　　insistido/insistiendo

	presente	pretérito imperfecto	pretérito indefinido	pretérito perfecto	futuro	condicional presente	subjuntivo presente
yo	insisto	insistía	insistí	he insistido	insistiré	insistiría	insista
tú	insistes	insistías	insististe	has insistido	insistirás	insistirías	insistas
él	insiste	insistía	insistió	ha insistido	insistirá	insistiría	insista
nosotros	insistimos	insistíamos	insistimos	hemos insistido	insistiremos	insistiríamos	insistamos
vosotros	insistís	insistíais	insististeis	habéis insistido	insistiréis	insistiríais	insistáis
ellos	insisten	insistían	insistieron	han insistido	insistirán	insistirían	insistan

	pretérito pq.perfecto	subj.pret. imperfecto	subj.pret. perfecto	subj.pret. pq.perfecto	futuro perfecto	condicional compuesto	imperativo afirm./neg.
yo	había insistido	insistiera/ insistiese	haya insistido	hubiera insistido	habré insistido	habría insistido	
tú	habías insistido	insistieras/ insistieses	hayas insistido	hubieras insistido	habrás insistido	habrías insistido	insiste/ no insistas
él	había insistido	insistiera/ insistiese	haya insistido	hubiera insistido	habrá insistido	habría insistido	insista/ no insista
nosotros	habíamos insistido	insistiéramos/ insistiésemos	hayamos insistido	hubiéramos insistido	habremos insistido	habríamos insistido	insistamos/ no insistamos
vosotros	habíais insistido	insistierais/ insistieseis	hayáis insistido	hubierais insistido	habréis insistido	habríais insistido	insistid/ no insistáis
ellos	habían insistido	insistieran/ insistiesen	hayan insistido	hubieran insistido	habrán insistido	habrían insistido	insistan/ no insistan

Insisto en que sigas practicando, mejorarás con el tiempo. (I insist that you keep practicing, you will get better with time.)

intentar to attempt — intentado/intentando

	presente	pretérito imperfecto	pretérito indefinido	pretérito perfecto	futuro	condicional presente	subjuntivo presente
yo	intento	intentaba	intenté	he intentado	intentaré	intentaría	intente
tú	intentas	intentabas	intentaste	has intentado	intentarás	intentarías	intentes
él	intenta	intentaba	intentó	ha intentado	intentará	intentaría	intente
nosotros	intentamos	intentábamos	intentamos	hemos intentado	intentaremos	intentaríamos	intentemos
vosotros	intentáis	intentabais	intentasteis	habéis intentado	intentaréis	intentaríais	intentéis
ellos	intentan	intentaban	intentaron	han intentado	intentarán	intentarían	intenten

	pretérito pq.perfecto	subj.pret. imperfecto	subj.pret. perfecto	subj.pret. pq.perfecto	futuro perfecto	condicional compuesto	imperativo afirm./neg.
yo	había intentado	intentara/ intentase	haya intentado	hubiera intentado	habré intentado	habría intentado	
tú	habías intentado	intentaras/ intentases	hayas intentado	hubieras intentado	habrás intentado	habrías intentado	intenta/ no intentes
él	había intentado	intentara/ intentase	haya intentado	hubiera intentado	habrá intentado	habría intentado	intente/ no intente
nosotros	habíamos intentado	intentáramos/ intentásemos	hayamos intentado	hubiéramos intentado	habremos intentado	habríamos intentado	intentemos/ no intentemos
vosotros	habíais intentado	intentarais/ intentaseis	hayáis intentado	hubierais intentado	habréis intentado	habríais intentado	intentad/ no intentéis
ellos	habían intentado	intentaran/ intentasen	hayan intentado	hubieran intentado	habrán intentado	habrían intentado	intenten/ no intenten

Voy a intentar resolver este rompecabezas antes de rendirme. (I'm going to try to solve this puzzle before I give up.)

ir to go — ido/yendo

	presente	pretérito imperfecto	pretérito indefinido	pretérito perfecto	futuro	condicional presente	subjuntivo presente
yo	voy	iba	fui	he ido	iré	iría	vaya
tú	vas	ibas	fuiste	has ido	irás	irías	vayas
él	va	iba	fue	ha ido	irá	iría	vaya
nosotros	vamos	íbamos	fuimos	hemos ido	iremos	iríamos	vayamos
vosotros	vais	ibais	fuisteis	habéis ido	iréis	iríais	vayáis
ellos	van	iban	fueron	han ido	irán	irían	vayan

	pretérito pq.perfecto	subj.pret. imperfecto	subj.pret. perfecto	subj.pret. pq.perfecto	futuro perfecto	condicional compuesto	imperativo afirm./neg.
yo	había ido	fuera/ fuese	haya ido	hubiera ido	habré ido	habría ido	
tú	habías ido	fueras/ fueses	hayas ido	hubieras ido	habrás ido	habrías ido	ve/ no vayas
él	había ido	fuera/ fuese	haya ido	hubiera ido	habrá ido	habría ido	vaya/ no vaya
nosotros	habíamos ido	fuéramos/ fuésemos	hayamos ido	hubiéramos ido	habremos ido	habríamos ido	vayamos/ no vayamos
vosotros	habíais ido	fuerais/ fueseis	hayáis ido	hubierais ido	habréis ido	habríais ido	id/ no vayáis
ellos	habían ido	fueran/ fuesen	hayan ido	hubieran ido	habrán ido	habrían ido	vayan/ no vayan

Voy a ir al supermercado. (I'm going to the supermarket.)

jugar to play — jugado/jugando

	presente	pretérito imperfecto	pretérito indefinido	pretérito perfecto	futuro	condicional presente	subjuntivo presente
yo	juego	jugaba	jugué	he jugado	jugaré	jugaría	juegue
tú	juegas	jugabas	jugaste	has jugado	jugarás	jugarías	juegues
él	juega	jugaba	jugó	ha jugado	jugará	jugaría	juegue
nosotros	jugamos	jugábamos	jugamos	hemos jugado	jugaremos	jugaríamos	juguemos
vosotros	jugáis	jugabais	jugasteis	habéis jugado	jugaréis	jugaríais	juguéis
ellos	juegan	jugaban	jugaron	han jugado	jugarán	jugarían	jueguen

	pretérito pq.perfecto	subj.pret. imperfecto	subj.pret. perfecto	subj.pret. pq.perfecto	futuro perfecto	condicional compuesto	imperativo afirm./neg.
yo	había jugado	jugara/ jugase	haya jugado	hubiera jugado	habré jugado	habría jugado	
tú	habías jugado	jugaras/ jugases	hayas jugado	hubieras jugado	habrás jugado	habrías jugado	juega/ no juegues
él	había jugado	jugara/ jugase	haya jugado	hubiera jugado	habrá jugado	habría jugado	juegue/ no juegue
nosotros	habíamos jugado	jugáramos/ jugásemos	hayamos jugado	hubiéramos jugado	habremos jugado	habríamos jugado	juguemos/ no juguemos
vosotros	habíais jugado	jugarais/ jugaseis	hayáis jugado	hubierais jugado	habréis jugado	habríais jugado	jugad/ no juguéis
ellos	habían jugado	jugaran/ jugasen	hayan jugado	hubieran jugado	habrán jugado	habrían jugado	jueguen/ no jueguen

De niño jugaba al fútbol en la selección nacional juvenil. (I played soccer for the national youth team when I was a kid.)

lanzar to launch — lanzado/lanzando

	presente	pretérito imperfecto	pretérito indefinido	pretérito perfecto	futuro	condicional presente	subjuntivo presente
yo	lanzo	lanzaba	lancé	he lanzado	lanzaré	lanzaría	lance
tú	lanzas	lanzabas	lanzaste	has lanzado	lanzarás	lanzarías	lances
él	lanza	lanzaba	lanzó	ha lanzado	lanzará	lanzaría	lance
nosotros	lanzamos	lanzábamos	lanzamos	hemos lanzado	lanzaremos	lanzaríamos	lancemos
vosotros	lanzáis	lanzabais	lanzasteis	habéis lanzado	lanzaréis	lanzaríais	lancéis
ellos	lanzan	lanzaban	lanzaron	han lanzado	lanzarán	lanzarían	lancen

	pretérito pq.perfecto	subj.pret. imperfecto	subj.pret. perfecto	subj.pret. pq.perfecto	futuro perfecto	condicional compuesto	imperativo afirm./neg.
yo	había lanzado	lanzara/ lanzase	haya lanzado	hubiera lanzado	habré lanzado	habría lanzado	
tú	habías lanzado	lanzaras/ lanzases	hayas lanzado	hubieras lanzado	habrás lanzado	habrías lanzado	lanza/ no lances
él	había lanzado	lanzara/ lanzase	haya lanzado	hubiera lanzado	habrá lanzado	habría lanzado	lance/ no lance
nosotros	habíamos lanzado	lanzáramos/ lanzásemos	hayamos lanzado	hubiéramos lanzado	habremos lanzado	habríamos lanzado	lancemos/ no lancemos
vosotros	habíais lanzado	lanzarais/ lanzaseis	hayáis lanzado	hubierais lanzado	habréis lanzado	habríais lanzado	lanzad/ no lancéis
ellos	habían lanzado	lanzaran/ lanzasen	hayan lanzado	hubieran lanzado	habrán lanzado	habrían lanzado	lancen/ no lancen

El jugador lanzó la pelota hacia la canasta y anotó un punto. (The player threw the ball towards the basket and scored a point.)

leer to read — leído/leyendo

	presente	pretérito imperfecto	pretérito indefinido	pretérito perfecto	futuro	condicional presente	subjuntivo presente
yo	leo	leía	leí	he leído	leeré	leería	lea
tú	lees	leías	leíste	has leído	leerás	leerías	leas
él	lee	leía	leyó	ha leído	leerá	leería	lea
nosotros	leemos	leíamos	leímos	hemos leído	leeremos	leeríamos	leamos
vosotros	leéis	leíais	leísteis	habéis leído	leeréis	leeríais	leáis
ellos	leen	leían	leyeron	han leído	leerán	leerían	lean

	pretérito pq.perfecto	subj.pret. imperfecto	subj.pret. perfecto	subj.pret. pq.perfecto	futuro perfecto	condicional compuesto	imperativo afirm./neg.
yo	había leído	leyera/ leyese	haya leído	hubiera leído	habré leído	habría leído	
tú	habías leído	leyeras/ leyeses	hayas leído	hubieras leído	habrás leído	habrías leído	lee/ no leas
él	había leído	leyera/ leyese	haya leído	hubiera leído	habrá leído	habría leído	lea/ no lea
nosotros	habíamos leído	leyéramos/ leyésemos	hayamos leído	hubiéramos leído	habremos leído	habríamos leído	leamos/ no leamos
vosotros	habíais leído	leyerais/ leyeseis	hayáis leído	hubierais leído	habréis leído	habríais leído	leed/ no leáis
ellos	habían leído	leyeran/ leyesen	hayan leído	hubieran leído	habrán leído	habrían leído	lean/ no lean

Me gusta leer novelas de fantasía en mi tiempo libre. (I like to read fantasy novels in my spare time.)

levantar to get up — levantado/levantando

	presente	pretérito imperfecto	pretérito indefinido	pretérito perfecto	futuro	condicional presente	subjuntivo presente
yo	levanto	levantaba	levanté	he levantado	levantaré	levantaría	levante
tú	levantas	levantabas	levantaste	has levantado	levantarás	levantarías	levantes
él	levanta	levantaba	levantó	ha levantado	levantará	levantaría	levante
nosotros	levantamos	levantábamos	levantamos	hemos levantado	levantaremos	levantaríamos	levantemos
vosotros	levantáis	levantabais	levantasteis	habéis levantado	levantaréis	levantaríais	levantéis
ellos	levantan	levantaban	levantaron	han levantado	levantarán	levantarían	levanten

	pretérito pq.perfecto	subj.pret. imperfecto	subj.pret. perfecto	subj.pret. pq.perfecto	futuro perfecto	condicional compuesto	imperativo afirm./neg.
yo	había levantado	levantara/ levantase	haya levantado	hubiera levantado	habré levantado	habría levantado	
tú	habías levantado	levantaras/ levantases	hayas levantado	hubieras levantado	habrás levantado	habrías levantado	levanta/ no levantes
él	había levantado	levantara/ levantase	haya levantado	hubiera levantado	habrá levantado	habría levantado	levante/ no levante
nosotros	habíamos levantado	levantáramos/ levantásemos	hayamos levantado	hubiéramos levantado	habremos levantado	habríamos levantado	levantemos/ no levantemos
vosotros	habíais levantado	levantarais/ levantaseis	hayáis levantado	hubierais levantado	habréis levantado	habríais levantado	levantad/ no levantéis
ellos	habían levantado	levantaran/ levantasen	hayan levantado	hubieran levantado	habrán levantado	habrían levantado	levanten/ no levanten

Me ayudó a levantar los muebles pesados durante la mudanza. (He helped me lift heavy furniture during the move.)

llamar to call   llamado/llamando

	presente	pretérito imperfecto	pretérito indefinido	pretérito perfecto	futuro	condicional presente	subjuntivo presente
yo	llamo	llamaba	llamé	he llamado	llamaré	llamaría	llame
tú	llamas	llamabas	llamaste	has llamado	llamarás	llamarías	llames
él	llama	llamaba	llamó	ha llamado	llamará	llamaría	llame
nosotros	llamamos	llamábamos	llamamos	hemos llamado	llamaremos	llamaríamos	llamemos
vosotros	llamáis	llamabais	llamasteis	habéis llamado	llamaréis	llamaríais	llaméis
ellos	llaman	llamaban	llamaron	han llamado	llamarán	llamarían	llamen

	pretérito pq.perfecto	subj.pret. imperfecto	subj.pret. perfecto	subj.pret. pq.perfecto	futuro perfecto	condicional compuesto	imperativo afirm./neg.
yo	había llamado	llamara/ llamase	haya llamado	hubiera llamado	habré llamado	habría llamado	
tú	habías llamado	llamaras/ llamases	hayas llamado	hubieras llamado	habrás llamado	habrías llamado	llama/ no llames
él	había llamado	llamara/ llamase	haya llamado	hubiera llamado	habrá llamado	habría llamado	llame/ no llame
nosotros	habíamos llamado	llamáramos/ llamásemos	hayamos llamado	hubiéramos llamado	habremos llamado	habríamos llamado	llamemos/ no llamemos
vosotros	habíais llamado	llamarais/ llamaseis	hayáis llamado	hubierais llamado	habréis llamado	habríais llamado	llamad/ no llaméis
ellos	habían llamado	llamaran/ llamasen	hayan llamado	hubieran llamado	habrán llamado	habrían llamado	llamen/ no llamen

Llámame cuando llegues a casa. (Call me when you get home.)

llegar to arrive   llegado/llegando

	presente	pretérito imperfecto	pretérito indefinido	pretérito perfecto	futuro	condicional presente	subjuntivo presente
yo	llego	llegaba	llegué	he llegado	llegaré	llegaría	llegue
tú	llegas	llegabas	llegaste	has llegado	llegarás	llegarías	llegues
él	llega	llegaba	llegó	ha llegado	llegará	llegaría	llegue
nosotros	llegamos	llegábamos	llegamos	hemos llegado	llegaremos	llegaríamos	lleguemos
vosotros	llegáis	llegabais	llegasteis	habéis llegado	llegaréis	llegaríais	lleguéis
ellos	llegan	llegaban	llegaron	han llegado	llegarán	llegarían	lleguen

	pretérito pq.perfecto	subj.pret. imperfecto	subj.pret. perfecto	subj.pret. pq.perfecto	futuro perfecto	condicional compuesto	imperativo afirm./neg.
yo	había llegado	llegara/ llegase	haya llegado	hubiera llegado	habré llegado	habría llegado	
tú	habías llegado	llegaras/ llegases	hayas llegado	hubieras llegado	habrás llegado	habrías llegado	llega/ no llegues
él	había llegado	llegara/ llegase	haya llegado	hubiera llegado	habrá llegado	habría llegado	llegue/ no llegue
nosotros	habíamos llegado	llegáramos/ llegásemos	hayamos llegado	hubiéramos llegado	habremos llegado	habríamos llegado	lleguemos/ no lleguemos
vosotros	habíais llegado	llegarais/ llegaseis	hayáis llegado	hubierais llegado	habréis llegado	habríais llegado	llegad/ no lleguéis
ellos	habían llegado	llegaran/ llegasen	hayan llegado	hubieran llegado	habrán llegado	habrían llegado	lleguen/ no lleguen

Cuando llegó a Alicante, primero fue al hotel. (When he arrived in Alicante, he went to the hotel first.)

llevar to carry llevado/llevando

	presente	pretérito imperfecto	pretérito indefinido	pretérito perfecto	futuro	condicional presente	subjuntivo presente
yo	llevo	llevaba	llevé	he llevado	llevaré	llevaría	lleve
tú	llevas	llevabas	llevaste	has llevado	llevarás	llevarías	lleves
él	lleva	llevaba	llevó	ha llevado	llevará	llevaría	lleve
nosotros	llevamos	llevábamos	llevamos	hemos llevado	llevaremos	llevaríamos	llevemos
vosotros	lleváis	llevabais	llevasteis	habéis llevado	llevaréis	llevaríais	llevéis
ellos	llevan	llevaban	llevaron	han llevado	llevarán	llevarían	lleven

	pretérito pq.perfecto	subj.pret. imperfecto	subj.pret. perfecto	subj.pret. pq.perfecto	futuro perfecto	condicional compuesto	imperativo afirm./neg.
yo	había llevado	llevara/ llevase	haya llevado	hubiera llevado	habré llevado	habría llevado	
tú	habías llevado	llevaras/ llevases	hayas llevado	hubieras llevado	habrás llevado	habrías llevado	lleva/ no lleves
él	había llevado	llevara/ llevase	haya llevado	hubiera llevado	habrá llevado	habría llevado	lleve/ no lleve
nosotros	habíamos llevado	lleváramos/ llevásemos	hayamos llevado	hubiéramos llevado	habremos llevado	habríamos llevado	llevemos/ no llevemos
vosotros	habíais llevado	llevarais/ llevaseis	hayáis llevado	hubierais llevado	habréis llevado	habríais llevado	llevad/ no llevéis
ellos	habían llevado	llevaran/ llevasen	hayan llevado	hubieran llevado	habrán llevado	habrían llevado	lleven/ no lleven

Voy a llevar mi paraguas porque pronostican lluvia. (I'm going to bring my umbrella because rain is forecast.)

lograr to achieve logrado/logrando

	presente	pretérito imperfecto	pretérito indefinido	pretérito perfecto	futuro	condicional presente	subjuntivo presente
yo	logro	lograba	logré	he logrado	lograré	lograría	logre
tú	logras	lograbas	lograste	has logrado	lograrás	lograrías	logres
él	logra	lograba	logró	ha logrado	logrará	lograría	logre
nosotros	logramos	lográbamos	logramos	hemos logrado	lograremos	lograríamos	logremos
vosotros	lográis	lograbais	lograsteis	habéis logrado	lograréis	lograríais	logréis
ellos	logran	lograban	lograron	han logrado	lograrán	lograrían	logren

	pretérito pq.perfecto	subj.pret. imperfecto	subj.pret. perfecto	subj.pret. pq.perfecto	futuro perfecto	condicional compuesto	imperativo afirm./neg.
yo	había logrado	lograra/ lograse	haya logrado	hubiera logrado	habré logrado	habría logrado	
tú	habías logrado	lograras/ lograses	hayas logrado	hubieras logrado	habrás logrado	habrías logrado	logra/ no logres
él	había logrado	lograra/ lograse	haya logrado	hubiera logrado	habrá logrado	habría logrado	logre/ no logre
nosotros	habíamos logrado	lográramos/ lográsemos	hayamos logrado	hubiéramos logrado	habremos logrado	habríamos logrado	logremos/ no logremos
vosotros	habíais logrado	lograrais/ lograseis	hayáis logrado	hubierais logrado	habréis logrado	habríais logrado	lograd/ no logréis
ellos	habían logrado	lograran/ lograsen	hayan logrado	hubieran logrado	habrán logrado	habrían logrado	logren/ no logren

Después de mucho esfuerzo, logró alcanzar su objetivo. (After much effort, he managed to reach his goal.)

manifestar to manifest — manifiesto/manifestando

	presente	pretérito imperfecto	pretérito indefinido	pretérito perfecto	futuro	condicional presente	subjuntivo presente
yo	manifiesto	manifestaba	manifesté	he manifiesto	manifestaré	manifestaría	manifieste
tú	manifiestas	manifestabas	manifestaste	has manifiesto	manifestarás	manifestarías	manifiestes
él	manifiesta	manifestaba	manifestó	ha manifiesto	manifestará	manifestaría	manifieste
nosotros	manifestamos	manifestábamos	manifestamos	hemos manifiesto	manifestaremos	manifestaríamos	manifestemos
vosotros	manifestáis	manifestabais	manifestasteis	habéis manifiesto	manifestaréis	manifestaríais	manifestéis
ellos	manifiestan	manifestaban	manifestaron	han manifiesto	manifestarán	manifestarían	manifiesten

	pretérito pq.perfecto	subj.pret. imperfecto	subj.pret. perfecto	subj.pret. pq.perfecto	futuro perfecto	condicional compuesto	imperativo afirm./neg.
yo	había manifiesto	manifestara/ manifestase	haya manifiesto	hubiera manifiesto	habré manifiesto	habría manifiesto	
tú	habías manifiesto	manifestaras/ manifestases	hayas manifiesto	hubieras manifiesto	habrás manifiesto	habrías manifiesto	manifiesta/ no manifiestes
él	había manifiesto	manifestara/ manifestase	haya manifiesto	hubiera manifiesto	habrá manifiesto	habría manifiesto	manifieste/ no manifieste
nosotros	habíamos manifiesto	manifestáramos/ manifestásemos	hayamos manifiesto	hubiéramos manifiesto	habremos manifiesto	habríamos manifiesto	manifestemos/ no manifestemos
vosotros	habíais manifiesto	manifestarais/ manifestaseis	hayáis manifiesto	hubierais manifiesto	habréis manifiesto	habríais manifiesto	manifestad/ no manifestéis
ellos	habían manifiesto	manifestaran/ manifestasen	hayan manifiesto	hubieran manifiesto	habrán manifiesto	habrían manifiesto	manifiesten/ no manifiesten

Decidió manifestar su opinión en la reunión del consejo. (He decided to make his opinion known at the board meeting.)

mantener to maintain — mantenido/manteniendo

	presente	pretérito imperfecto	pretérito indefinido	pretérito perfecto	futuro	condicional presente	subjuntivo presente
yo	mantengo	mantenía	mantuve	he mantenido	mantendré	mantendría	mantenga
tú	mantienes	mantenías	mantuviste	has mantenido	mantendrás	mantendrías	mantengas
él	mantiene	mantenía	mantuvo	ha mantenido	mantendrá	mantendría	mantenga
nosotros	mantenemos	manteníamos	mantuvimos	hemos mantenido	mantendremos	mantendríamos	mantengamos
vosotros	mantenéis	manteníais	mantuvisteis	habéis mantenido	mantendréis	mantendríais	mantengáis
ellos	mantienen	mantenían	mantuvieron	han mantenido	mantendrán	mantendrían	mantengan

	pretérito pq.perfecto	subj.pret. imperfecto	subj.pret. perfecto	subj.pret. pq.perfecto	futuro perfecto	condicional compuesto	imperativo afirm./neg.
yo	había mantenido	mantuviera/ mantuviese	haya mantenido	hubiera mantenido	habré mantenido	habría mantenido	
tú	habías mantenido	mantuvieras/ mantuvieses	hayas mantenido	hubieras mantenido	habrás mantenido	habrías mantenido	manten/ no mantengas
él	había mantenido	mantuviera/ mantuviese	haya mantenido	hubiera mantenido	habrá mantenido	habría mantenido	mantenga/ no mantenga
nosotros	habíamos mantenido	mantuviéramos/ mantuviésemos	hayamos mantenido	hubiéramos mantenido	habremos mantenido	habríamos mantenido	mantengamos/ no mantengamos
vosotros	habíais mantenido	mantuvierais/ mantuvieseis	hayáis mantenido	hubierais mantenido	habréis mantenido	habríais mantenido	mantened/ no mantengáis
ellos	habían mantenido	mantuvieran/ mantuviesen	hayan mantenido	hubieran mantenido	habrán mantenido	habrían mantenido	mantengan/ no mantengan

Es esencial mantener una buena higiene personal. (It is essential to maintain good personal hygiene.)

matar to kill — matado/matando

	presente	pretérito imperfecto	pretérito indefinido	pretérito perfecto	futuro	condicional presente	subjuntivo presente
yo	mato	mataba	maté	he matado	mataré	mataría	mate
tú	matas	matabas	mataste	has matado	matarás	matarías	mates
él	mata	mataba	mató	ha matado	matará	mataría	mate
nosotros	matamos	matábamos	matamos	hemos matado	mataremos	mataríamos	matemos
vosotros	matáis	matabais	matasteis	habéis matado	mataréis	mataríais	matéis
ellos	matan	mataban	mataron	han matado	matarán	matarían	maten

	pretérito pq.perfecto	subj.pret. imperfecto	subj.pret. perfecto	subj.pret. pq.perfecto	futuro perfecto	condicional compuesto	imperativo afirm./neg.
yo	había matado	matara/ matase	haya matado	hubiera matado	habré matado	habría matado	
tú	habías matado	mataras/ matases	hayas matado	hubieras matado	habrás matado	habrías matado	mata/ no mates
él	había matado	matara/ matase	haya matado	hubiera matado	habrá matado	habría matado	mate/ no mate
nosotros	habíamos matado	matáramos/ matásemos	hayamos matado	hubiéramos matado	habremos matado	habríamos matado	matemos/ no matemos
vosotros	habíais matado	matarais/ mataseis	hayáis matado	hubierais matado	habréis matado	habríais matado	matad/ no matéis
ellos	habían matado	mataran/ matasen	hayan matado	hubieran matado	habrán matado	habrían matado	maten/ no maten

El cazador mató al venado para obtener su carne. (The hunter killed the deer to obtain its meat.)

meter to enter/to put — metido/metiendo

	presente	pretérito imperfecto	pretérito indefinido	pretérito perfecto	futuro	condicional presente	subjuntivo presente
yo	meto	metía	metí	he metido	meteré	metería	meta
tú	metes	metías	metiste	has metido	meterás	meterías	metas
él	mete	metía	metió	ha metido	meterá	metería	meta
nosotros	metemos	metíamos	metimos	hemos metido	meteremos	meteríamos	metamos
vosotros	metéis	metíais	metisteis	habéis metido	meteréis	meteríais	metáis
ellos	meten	metían	metieron	han metido	meterán	meterían	metan

	pretérito pq.perfecto	subj.pret. imperfecto	subj.pret. perfecto	subj.pret. pq.perfecto	futuro perfecto	condicional compuesto	imperativo afirm./neg.
yo	había metido	metiera/ metiese	haya metido	hubiera metido	habré metido	habría metido	
tú	habías metido	metieras/ metieses	hayas metido	hubieras metido	habrás metido	habrías metido	mete/ no metas
él	había metido	metiera/ metiese	haya metido	hubiera metido	habrá metido	habría metido	meta/ no meta
nosotros	habíamos metido	metiéramos/ metiésemos	hayamos metido	hubiéramos metido	habremos metido	habríamos metido	metamos/ no metamos
vosotros	habíais metido	metierais/ metieseis	hayáis metido	hubierais metido	habréis metido	habríais metido	meted/ no metáis
ellos	habían metido	metieran/ metiesen	hayan metido	hubieran metido	habrán metido	habrían metido	metan/ no metan

Por favor, métete los pantalones en los calcetines para evitar las garrapatas. (Please tuck your pants into your socks to avoid ticks.)

mirar to look — mirado/mirando

	presente	pretérito imperfecto	pretérito indefinido	pretérito perfecto	futuro	condicional presente	subjuntivo presente
yo	miro	miraba	miré	he mirado	miraré	miraría	mire
tú	miras	mirabas	miraste	has mirado	mirarás	mirarías	mires
él	mira	miraba	miró	ha mirado	mirará	miraría	mire
nosotros	miramos	mirábamos	miramos	hemos mirado	miraremos	miraríamos	miremos
vosotros	miráis	mirabais	mirasteis	habéis mirado	miraréis	miraríais	miréis
ellos	miran	miraban	miraron	han mirado	mirarán	mirarían	miren
	pretérito pq.perfecto	**subj.pret. imperfecto**	**subj.pret. perfecto**	**subj.pret. pq.perfecto**	**futuro perfecto**	**condicional compuesto**	**imperativo afirm./neg.**
yo	había mirado	mirara/ mirase	haya mirado	hubiera mirado	habré mirado	habría mirado	
tú	habías mirado	miraras/ mirases	hayas mirado	hubieras mirado	habrás mirado	habrías mirado	mira/ no mires
él	había mirado	mirara/ mirase	haya mirado	hubiera mirado	habrá mirado	habría mirado	mire/ no mire
nosotros	habíamos mirado	miráramos/ mirásemos	hayamos mirado	hubiéramos mirado	habremos mirado	habríamos mirado	miremos/ no miremos
vosotros	habíais mirado	mirarais/ miraseis	hayáis mirado	hubierais mirado	habréis mirado	habríais mirado	mirad/ no miréis
ellos	habían mirado	miraran/ mirasen	hayan mirado	hubieran mirado	habrán mirado	habrían mirado	miren/ no miren

Me gusta mirar las estrellas en una noche despejada. (I like to look at the stars on a clear night.)

morir to die — muerto/muriendo

	presente	pretérito imperfecto	pretérito indefinido	pretérito perfecto	futuro	condicional presente	subjuntivo presente
yo	muero	moría	morí	he muerto	moriré	moriría	muera
tú	mueres	morías	moriste	has muerto	morirás	morirías	mueras
él	muere	moría	murió	ha muerto	morirá	moriría	muera
nosotros	morimos	moríamos	morimos	hemos muerto	moriremos	moriríamos	muramos
vosotros	morís	moríais	moristeis	habéis muerto	moriréis	moriríais	muráis
ellos	mueren	morían	murieron	han muerto	morirán	morirían	mueran
	pretérito pq.perfecto	**subj.pret. imperfecto**	**subj.pret. perfecto**	**subj.pret. pq.perfecto**	**futuro perfecto**	**condicional compuesto**	**imperativo afirm./neg.**
yo	había muerto	muriera/ muriese	haya muerto	hubiera muerto	habré muerto	habría muerto	
tú	habías muerto	murieras/ murieses	hayas muerto	hubieras muerto	habrás muerto	habrías muerto	muere/ no mueras
él	había muerto	muriera/ muriese	haya muerto	hubiera muerto	habrá muerto	habría muerto	muera/ no muera
nosotros	habíamos muerto	muriéramos/ muriésemos	hayamos muerto	hubiéramos muerto	habremos muerto	habríamos muerto	muramos/ no muramos
vosotros	habíais muerto	murierais/ murieseis	hayáis muerto	hubierais muerto	habréis muerto	habríais muerto	morid/ no muráis
ellos	habían muerto	murieran/ muriesen	hayan muerto	hubieran muerto	habrán muerto	habrían muerto	mueran/ no mueran

Lamentablemente, mi abuelo murió la semana pasada. (Sadly, my grandfather died last week.)

mostrar to show — mostrado/mostrando

	presente	pretérito imperfecto	pretérito indefinido	pretérito perfecto	futuro	condicional presente	subjuntivo presente
yo	muestro	mostraba	mostré	he mostrado	mostraré	mostraría	muestre
tú	muestras	mostrabas	mostraste	has mostrado	mostrarás	mostrarías	muestres
él	muestra	mostraba	mostró	ha mostrado	mostrará	mostraría	muestre
nosotros	mostramos	mostrábamos	mostramos	hemos mostrado	mostraremos	mostraríamos	mostremos
vosotros	mostráis	mostrabais	mostrasteis	habéis mostrado	mostraréis	mostraríais	mostréis
ellos	muestran	mostraban	mostraron	han mostrado	mostrarán	mostrarían	muestren

	pretérito pq.perfecto	subj.pret. imperfecto	subj.pret. perfecto	subj.pret. pq.perfecto	futuro perfecto	condicional compuesto	imperativo afirm./neg.
yo	había mostrado	mostrara/ mostrase	haya mostrado	hubiera mostrado	habré mostrado	habría mostrado	
tú	habías mostrado	mostraras/ mostrases	hayas mostrado	hubieras mostrado	habrás mostrado	habrías mostrado	muestra/ no muestres
él	había mostrado	mostrara/ mostrase	haya mostrado	hubiera mostrado	habrá mostrado	habría mostrado	muestre/ no muestre
nosotros	habíamos mostrado	mostráramos/ mostrásemos	hayamos mostrado	hubiéramos mostrado	habremos mostrado	habríamos mostrado	mostremos/ no mostremos
vosotros	habíais mostrado	mostrarais/ mostraseis	hayáis mostrado	hubierais mostrado	habréis mostrado	habríais mostrado	mostrad/ no mostréis
ellos	habían mostrado	mostraran/ mostrasen	hayan mostrado	hubieran mostrado	habrán mostrado	habrían mostrado	muestren/ no muestren

El profesor mostró una presentación en PowerPoint para explicar el tema. (The teacher showed a PowerPoint presentation to explain the topic.)

mover to move — movido/moviendo

	presente	pretérito imperfecto	pretérito indefinido	pretérito perfecto	futuro	condicional presente	subjuntivo presente
yo	muevo	movía	moví	he movido	moveré	movería	mueva
tú	mueves	movías	moviste	has movido	moverás	moverías	muevas
él	mueve	movía	movió	ha movido	moverá	movería	mueva
nosotros	movemos	movíamos	movimos	hemos movido	moveremos	moveríamos	movamos
vosotros	movéis	movíais	movisteis	habéis movido	moveréis	moveríais	mováis
ellos	mueven	movían	movieron	han movido	moverán	moverían	muevan

	pretérito pq.perfecto	subj.pret. imperfecto	subj.pret. perfecto	subj.pret. pq.perfecto	futuro perfecto	condicional compuesto	imperativo afirm./neg.
yo	había movido	moviera/ moviese	haya movido	hubiera movido	habré movido	habría movido	
tú	habías movido	movieras/ movieses	hayas movido	hubieras movido	habrás movido	habrías movido	mueve/ no muevas
él	había movido	moviera/ moviese	haya movido	hubiera movido	habrá movido	habría movido	mueva/ no mueva
nosotros	habíamos movido	moviéramos/ moviésemos	hayamos movido	hubiéramos movido	habremos movido	habríamos movido	movamos/ no movamos
vosotros	habíais movido	movierais/ movieseis	hayáis movido	hubierais movido	habréis movido	habríais movido	moved/ no mováis
ellos	habían movido	movieran/ moviesen	hayan movido	hubieran movido	habrán movido	habrían movido	muevan/ no muevan

Por favor, mueve la mesa hacia la pared para hacer espacio. (Please move the table toward the wall to make room.)

nacer to be born · nato/naciendo

	presente	pretérito imperfecto	pretérito indefinido	pretérito perfecto	futuro	condicional presente	subjuntivo presente
yo	nazco	nacía	nací	he nato	naceré	nacería	nazca
tú	naces	nacías	naciste	has nato	nacerás	nacerías	nazcas
él	nace	nacía	nació	ha nato	nacerá	nacería	nazca
nosotros	nacemos	nacíamos	nacimos	hemos nato	naceremos	naceríamos	nazcamos
vosotros	nacéis	nacíais	nacisteis	habéis nato	naceréis	naceríais	nazcáis
ellos	nacen	nacían	nacieron	han nato	nacerán	nacerían	nazcan
	pretérito pq.perfecto	subj.pret. imperfecto	subj.pret. perfecto	subj.pret. pq.perfecto	futuro perfecto	condicional compuesto	imperativo afirm./neg.
yo	había nato	naciera/ naciese	haya nato	hubiera nato	habré nato	habría nato	
tú	habías nato	nacieras/ nacieses	hayas nato	hubieras nato	habrás nato	habrías nato	nace/ no nazcas
él	había nato	naciera/ naciese	haya nato	hubiera nato	habrá nato	habría nato	nazca/ no nazca
nosotros	habíamos nato	naciéramos/ naciésemos	hayamos nato	hubiéramos nato	habremos nato	habríamos nato	nazcamos/ no nazcamos
vosotros	habíais nato	nacierais/ nacieseis	hayáis nato	hubierais nato	habréis nato	habríais nato	naced/ no nazcáis
ellos	habían nato	nacieran/ naciesen	hayan nato	hubieran nato	habrán nato	habrían nato	nazcan/ no nazcan

Mi hermano menor nació en un hospital cercano. (My younger brother was born in a nearby hospital.)

necesitar to need · necesitado/necesitando

	presente	pretérito imperfecto	pretérito indefinido	pretérito perfecto	futuro	condicional presente	subjuntivo presente
yo	necesito	necesitaba	necesité	he necesitado	necesitaré	necesitaría	necesite
tú	necesitas	necesitabas	necesitaste	has necesitado	necesitarás	necesitarías	necesites
él	necesita	necesitaba	necesitó	ha necesitado	necesitará	necesitaría	necesite
nosotros	necesitamos	necesitábamos	necesitamos	hemos necesitado	necesitaremos	necesitaríamos	necesitemos
vosotros	necesitáis	necesitabais	necesitasteis	habéis necesitado	necesitaréis	necesitaríais	necesitéis
ellos	necesitan	necesitaban	necesitaron	han necesitado	necesitarán	necesitarían	necesiten
	pretérito pq.perfecto	subj.pret. imperfecto	subj.pret. perfecto	subj.pret. pq.perfecto	futuro perfecto	condicional compuesto	imperativo afirm./neg.
yo	había necesitado	necesitara/ necesitase	haya necesitado	hubiera necesitado	habré necesitado	habría necesitado	
tú	habías necesitado	necesitaras/ necesitases	hayas necesitado	hubieras necesitado	habrás necesitado	habrías necesitado	necesita/ no necesites
él	había necesitado	necesitara/ necesitase	haya necesitado	hubiera necesitado	habrá necesitado	habría necesitado	necesite/ no necesite
nosotros	habíamos necesitado	necesitáramos/ necesitásemos	hayamos necesitado	hubiéramos necesitado	habremos necesitado	habríamos necesitado	necesitemos/ no necesitemos
vosotros	habíais necesitado	necesitarais/ necesitaseis	hayáis necesitado	hubierais necesitado	habréis necesitado	habríais necesitado	necesitad/ no necesitéis
ellos	habían necesitado	necesitaran/ necesitasen	hayan necesitado	hubieran necesitado	habrán necesitado	habrían necesitado	necesiten/ no necesiten

Necesito comprar víveres en el supermercado. (I need to buy groceries at the supermarket.)

negar to deny negado/negando

	presente	pretérito imperfecto	pretérito indefinido	pretérito perfecto	futuro	condicional presente	subjuntivo presente
yo	niego	negaba	negué	he negado	negaré	negaría	niegue
tú	niegas	negabas	negaste	has negado	negarás	negarías	niegues
él	niega	negaba	negó	ha negado	negará	negaría	niegue
nosotros	negamos	negábamos	negamos	hemos negado	negaremos	negaríamos	neguemos
vosotros	negáis	negabais	negasteis	habéis negado	negaréis	negaríais	neguéis
ellos	niegan	negaban	negaron	han negado	negarán	negarían	nieguen

	pretérito pq.perfecto	subj.pret. imperfecto	subj.pret. perfecto	subj.pret. pq.perfecto	futuro perfecto	condicional compuesto	imperativo afirm./neg.
yo	había negado	negara/ negase	haya negado	hubiera negado	habré negado	habría negado	
tú	habías negado	negaras/ negases	hayas negado	hubieras negado	habrás negado	habrías negado	niega/ no niegues
él	había negado	negara/ negase	haya negado	hubiera negado	habrá negado	habría negado	niegue/ no niegue
nosotros	habíamos negado	negáramos/ negásemos	hayamos negado	hubiéramos negado	habremos negado	habríamos negado	neguemos/ no neguemos
vosotros	habíais negado	negarais/ negaseis	hayáis negado	hubierais negado	habréis negado	habríais negado	negad/ no neguéis
ellos	habían negado	negaran/ negasen	hayan negado	hubieran negado	habrán negado	habrían negado	nieguen/ no nieguen

¡No niegues que no lo sabías! Lo sabías desde el principio. (Don't deny that you didn't know! You knew all along.)

obligar to compel obligado/obligando

	presente	pretérito imperfecto	pretérito indefinido	pretérito perfecto	futuro	condicional presente	subjuntivo presente
yo	obligo	obligaba	obligué	he obligado	obligaré	obligaría	obligue
tú	obligas	obligabas	obligaste	has obligado	obligarás	obligarías	obligues
él	obliga	obligaba	obligó	ha obligado	obligará	obligaría	obligue
nosotros	obligamos	obligábamos	obligamos	hemos obligado	obligaremos	obligaríamos	obliguemos
vosotros	obligáis	obligabais	obligasteis	habéis obligado	obligaréis	obligaríais	obliguéis
ellos	obligan	obligaban	obligaron	han obligado	obligarán	obligarían	obliguen

	pretérito pq.perfecto	subj.pret. imperfecto	subj.pret. perfecto	subj.pret. pq.perfecto	futuro perfecto	condicional compuesto	imperativo afirm./neg.
yo	había obligado	obligara/ obligase	haya obligado	hubiera obligado	habré obligado	habría obligado	
tú	habías obligado	obligaras/ obligases	hayas obligado	hubieras obligado	habrás obligado	habrías obligado	obliga/ no obligues
él	había obligado	obligara/ obligase	haya obligado	hubiera obligado	habrá obligado	habría obligado	obligue/ no obligue
nosotros	habíamos obligado	obligáramos/ obligásemos	hayamos obligado	hubiéramos obligado	habremos obligado	habríamos obligado	obliguemos/ no obliguemos
vosotros	habíais obligado	obligarais/ obligaseis	hayáis obligado	hubierais obligado	habréis obligado	habríais obligado	obligad/ no obliguéis
ellos	habían obligado	obligaran/ obligasen	hayan obligado	hubieran obligado	habrán obligado	habrían obligado	obliguen/ no obliguen

El contrato me obliga a trabajar durante los fines de semana. (The contract requires me to work on weekends.)

observar to notice — observado/observando

	presente	pretérito imperfecto	pretérito indefinido	pretérito perfecto	futuro	condicional presente	subjuntivo presente
yo	observo	observaba	observé	he observado	observaré	observaría	observe
tú	observas	observabas	observaste	has observado	observarás	observarías	observes
él	observa	observaba	observó	ha observado	observará	observaría	observe
nosotros	observamos	observábamos	observamos	hemos observado	observaremos	observaríamos	observemos
vosotros	observáis	observabais	observasteis	habéis observado	observaréis	observaríais	observéis
ellos	observan	observaban	observaron	han observado	observarán	observarían	observen
	pretérito pq.perfecto	subj.pret. imperfecto	subj.pret. perfecto	subj.pret. pq.perfecto	futuro perfecto	condicional compuesto	imperativo afirm./neg.
yo	había observado	observara/ observase	haya observado	hubiera observado	habré observado	habría observado	
tú	habías observado	observaras/ observases	hayas observado	hubieras observado	habrás observado	habrías observado	observa/ no observes
él	había observado	observara/ observase	haya observado	hubiera observado	habrá observado	habría observado	observe/ no observe
nosotros	habíamos observado	observáramos/ observásemos	hayamos observado	hubiéramos observado	habremos observado	habríamos observado	observemos/ no observemos
vosotros	habíais observado	observarais/ observaseis	hayáis observado	hubierais observado	habréis observado	habríais observado	observad/ no observéis
ellos	habían observado	observaran/ observasen	hayan observado	hubieran observado	habrán observado	habrían observado	observen/ no observen

Me gusta observar la naturaleza y los animales en su entorno natural. (I like to observe nature and animals in their natural environment.)

obtener to obtain — obtenido/obteniendo

	presente	pretérito imperfecto	pretérito indefinido	pretérito perfecto	futuro	condicional presente	subjuntivo presente
yo	obtengo	obtenía	obtuve	he obtenido	obtendré	obtendría	obtenga
tú	obtienes	obtenías	obtuviste	has obtenido	obtendrás	obtendrías	obtengas
él	obtiene	obtenía	obtuvo	ha obtenido	obtendrá	obtendría	obtenga
nosotros	obtenemos	obteníamos	obtuvimos	hemos obtenido	obtendremos	obtendríamos	obtengamos
vosotros	obtenéis	obteníais	obtuvisteis	habéis obtenido	obtendréis	obtendríais	obtengáis
ellos	obtienen	obtenían	obtuvieron	han obtenido	obtendrán	obtendrían	obtengan
	pretérito pq.perfecto	subj.pret. imperfecto	subj.pret. perfecto	subj.pret. pq.perfecto	futuro perfecto	condicional compuesto	imperativo afirm./neg.
yo	había obtenido	obtuviera/ obtuviese	haya obtenido	hubiera obtenido	habré obtenido	habría obtenido	
tú	habías obtenido	obtuvieras/ obtuvieses	hayas obtenido	hubieras obtenido	habrás obtenido	habrías obtenido	obten/ no obtengas
él	había obtenido	obtuviera/ obtuviese	haya obtenido	hubiera obtenido	habrá obtenido	habría obtenido	obtenga/ no obtenga
nosotros	habíamos obtenido	obtuviéramos/ obtuviésemos	hayamos obtenido	hubiéramos obtenido	habremos obtenido	habríamos obtenido	obtengamos/ no obtengamos
vosotros	habíais obtenido	obtuvierais/ obtuvieseis	hayáis obtenido	hubierais obtenido	habréis obtenido	habríais obtenido	obtened/ no obtengáis
ellos	habían obtenido	obtuvieran/ obtuviesen	hayan obtenido	hubieran obtenido	habrán obtenido	habrían obtenido	obtengan/ no obtengan

Trabajó duro para obtener un ascenso en su trabajo. (You worked hard to get a promotion at your job.)

ocupar to occupy ocupado/ocupando

	presente	pretérito imperfecto	pretérito indefinido	pretérito perfecto	futuro	condicional presente	subjuntivo presente
yo	ocupo	ocupaba	ocupé	he ocupado	ocuparé	ocuparía	ocupe
tú	ocupas	ocupabas	ocupaste	has ocupado	ocuparás	ocuparías	ocupes
él	ocupa	ocupaba	ocupó	ha ocupado	ocupará	ocuparía	ocupe
nosotros	ocupamos	ocupábamos	ocupamos	hemos ocupado	ocuparemos	ocuparíamos	ocupemos
vosotros	ocupáis	ocupabais	ocupasteis	habéis ocupado	ocuparéis	ocuparíais	ocupéis
ellos	ocupan	ocupaban	ocuparon	han ocupado	ocuparán	ocuparían	ocupen
	pretérito pq.perfecto	subj.pret. imperfecto	subj.pret. perfecto	subj.pret. pq.perfecto	futuro perfecto	condicional compuesto	imperativo afirm./neg.
yo	había ocupado	ocupara/ ocupase	haya ocupado	hubiera ocupado	habré ocupado	habría ocupado	
tú	habías ocupado	ocuparas/ ocupases	hayas ocupado	hubieras ocupado	habrás ocupado	habrías ocupado	ocupa/ no ocupes
él	había ocupado	ocupara/ ocupase	haya ocupado	hubiera ocupado	habrá ocupado	habría ocupado	ocupe/ no ocupe
nosotros	habíamos ocupado	ocupáramos/ ocupásemos	hayamos ocupado	hubiéramos ocupado	habremos ocupado	habríamos ocupado	ocupemos/ no ocupemos
vosotros	habíais ocupado	ocuparais/ ocupaseis	hayáis ocupado	hubierais ocupado	habréis ocupado	habríais ocupado	ocupad/ no ocupéis
ellos	habían ocupado	ocuparan/ ocupasen	hayan ocupado	hubieran ocupado	habrán ocupado	habrían ocupado	ocupen/ no ocupen

La reunión ocupa toda la sala de conferencias. (The meeting takes up the entire conference room.)

ocurrir to occur ocurrido/ocurriendo

	presente	pretérito imperfecto	pretérito indefinido	pretérito perfecto	futuro	condicional presente	subjuntivo presente
yo	ocurro	ocurría	ocurrí	he ocurrido	ocurriré	ocurriría	ocurra
tú	ocurres	ocurrías	ocurriste	has ocurrido	ocurrirás	ocurrirías	ocurras
él	ocurre	ocurría	ocurrió	ha ocurrido	ocurrirá	ocurriría	ocurra
nosotros	ocurrimos	ocurríamos	ocurrimos	hemos ocurrido	ocurriremos	ocurriríamos	ocurramos
vosotros	ocurrís	ocurríais	ocurristeis	habéis ocurrido	ocurriréis	ocurriríais	ocurráis
ellos	ocurren	ocurrían	ocurrieron	han ocurrido	ocurrirán	ocurrirían	ocurran
	pretérito pq.perfecto	subj.pret. imperfecto	subj.pret. perfecto	subj.pret. pq.perfecto	futuro perfecto	condicional compuesto	imperativo afirm./neg.
yo	había ocurrido	ocurriera/ ocurriese	haya ocurrido	hubiera ocurrido	habré ocurrido	habría ocurrido	
tú	habías ocurrido	ocurrieras/ ocurrieses	hayas ocurrido	hubieras ocurrido	habrás ocurrido	habrías ocurrido	ocurre/ no ocurras
él	había ocurrido	ocurriera/ ocurriese	haya ocurrido	hubiera ocurrido	habrá ocurrido	habría ocurrido	ocurra/ no ocurra
nosotros	habíamos ocurrido	ocurriéramos/ ocurriésemos	hayamos ocurrido	hubiéramos ocurrido	habremos ocurrido	habríamos ocurrido	ocurramos/ no ocurramos
vosotros	habíais ocurrido	ocurrierais/ ocurrieseis	hayáis ocurrido	hubierais ocurrido	habréis ocurrido	habríais ocurrido	ocurrid/ no ocurráis
ellos	habían ocurrido	ocurrieran/ ocurriesen	hayan ocurrido	hubieran ocurrido	habrán ocurrido	habrían ocurrido	ocurran/ no ocurran

El accidente de tráfico ocurrió en la autopista esta mañana. (The traffic accident happened on the highway this morning.)

ofrecer to offer — ofrecido/ofreciendo

	presente	pretérito imperfecto	pretérito indefinido	pretérito perfecto	futuro	condicional presente	subjuntivo presente
yo	ofrezco	ofrecía	ofrecí	he ofrecido	ofreceré	ofrecería	ofrezca
tú	ofreces	ofrecías	ofreciste	has ofrecido	ofrecerás	ofrecerías	ofrezcas
él	ofrece	ofrecía	ofreció	ha ofrecido	ofrecerá	ofrecería	ofrezca
nosotros	ofrecemos	ofrecíamos	ofrecimos	hemos ofrecido	ofreceremos	ofreceríamos	ofrezcamos
vosotros	ofrecéis	ofrecíais	ofrecisteis	habéis ofrecido	ofreceréis	ofreceríais	ofrezcáis
ellos	ofrecen	ofrecían	ofrecieron	han ofrecido	ofrecerán	ofrecerían	ofrezcan
	pretérito pq.perfecto	subj.pret. imperfecto	subj.pret. perfecto	subj.pret. pq.perfecto	futuro perfecto	condicional compuesto	imperativo afirm./neg.
yo	había ofrecido	ofreciera/ ofreciese	haya ofrecido	hubiera ofrecido	habré ofrecido	habría ofrecido	
tú	habías ofrecido	ofrecieras/ ofrecieses	hayas ofrecido	hubieras ofrecido	habrás ofrecido	habrías ofrecido	ofrece/ no ofrezcas
él	había ofrecido	ofreciera/ ofreciese	haya ofrecido	hubiera ofrecido	habrá ofrecido	habría ofrecido	ofrezca/ no ofrezca
nosotros	habíamos ofrecido	ofreciéramos/ ofreciésemos	hayamos ofrecido	hubiéramos ofrecido	habremos ofrecido	habríamos ofrecido	ofrezcamos/ no ofrezcamos
vosotros	habíais ofrecido	ofrecierais/ ofrecieseis	hayáis ofrecido	hubierais ofrecido	habréis ofrecido	habríais ofrecido	ofreced/ no ofrezcáis
ellos	habían ofrecido	ofrecieran/ ofreciesen	hayan ofrecido	hubieran ofrecido	habrán ofrecido	habrían ofrecido	ofrezcan/ no ofrezcan

Mi amigo me ofreció su ayuda cuando la necesitaba. (My friend offered me his help when I needed it.)

oír to hear — oído/oyendo

	presente	pretérito imperfecto	pretérito indefinido	pretérito perfecto	futuro	condicional presente	subjuntivo presente
yo	oigo	oía	oí	he oído	oiré	oiría	oiga
tú	oyes	oías	oíste	has oído	oirás	oirías	oigas
él	oye	oía	oyó	ha oído	oirá	oiría	oiga
nosotros	oímos	oíamos	oímos	hemos oído	oiremos	oiríamos	oigamos
vosotros	oís	oíais	oísteis	habéis oído	oiréis	oiríais	oigáis
ellos	oyen	oían	oyeron	han oído	oirán	oirían	oigan
	pretérito pq.perfecto	subj.pret. imperfecto	subj.pret. perfecto	subj.pret. pq.perfecto	futuro perfecto	condicional compuesto	imperativo afirm./neg.
yo	había oído	oyera/ oyese	haya oído	hubiera oído	habré oído	habría oído	
tú	habías oído	oyeras/ oyeses	hayas oído	hubieras oído	habrás oído	habrías oído	oye/ no oigas
él	había oído	oyera/ oyese	haya oído	hubiera oído	habrá oído	habría oído	oiga/ no oiga
nosotros	habíamos oído	oyéramos/ oyésemos	hayamos oído	hubiéramos oído	habremos oído	habríamos oído	oigamos/ no oigamos
vosotros	habíais oído	oyerais/ oyeseis	hayáis oído	hubierais oído	habréis oído	habríais oído	oíd/ no oigáis
ellos	habían oído	oyeran/ oyesen	hayan oído	hubieran oído	habrán oído	habrían oído	oigan/ no oigan

Escuché un ruido extraño en el sótano y fui a investigar. (I heard a strange noise in the basement and went to investigate.)

olvidar to forget — olvidado/olvidando

	presente	pretérito imperfecto	pretérito indefinido	pretérito perfecto	futuro	condicional presente	subjuntivo presente
yo	olvido	olvidaba	olvidé	he olvidado	olvidaré	olvidaría	olvide
tú	olvidas	olvidabas	olvidaste	has olvidado	olvidarás	olvidarías	olvides
él	olvida	olvidaba	olvidó	ha olvidado	olvidará	olvidaría	olvide
nosotros	olvidamos	olvidábamos	olvidamos	hemos olvidado	olvidaremos	olvidaríamos	olvidemos
vosotros	olvidáis	olvidabais	olvidasteis	habéis olvidado	olvidaréis	olvidaríais	olvidéis
ellos	olvidan	olvidaban	olvidaron	han olvidado	olvidarán	olvidarían	olviden

	pretérito pq.perfecto	subj.pret. imperfecto	subj.pret. perfecto	subj.pret. pq.perfecto	futuro perfecto	condicional compuesto	imperativo afirm./neg.
yo	había olvidado	olvidara/ olvidase	haya olvidado	hubiera olvidado	habré olvidado	habría olvidado	
tú	habías olvidado	olvidaras/ olvidases	hayas olvidado	hubieras olvidado	habrás olvidado	habrías olvidado	olvida/ no olvides
él	había olvidado	olvidara/ olvidase	haya olvidado	hubiera olvidado	habrá olvidado	habría olvidado	olvide/ no olvide
nosotros	habíamos olvidado	olvidáramos/ olvidásemos	hayamos olvidado	hubiéramos olvidado	habremos olvidado	habríamos olvidado	olvidemos/ no olvidemos
vosotros	habíais olvidado	olvidarais/ olvidaseis	hayáis olvidado	hubierais olvidado	habréis olvidado	habríais olvidado	olvidad/ no olvidéis
ellos	habían olvidado	olvidaran/ olvidasen	hayan olvidado	hubieran olvidado	habrán olvidado	habrían olvidado	olviden/ no olviden

No puedo creer que olvidé mi billetera en casa. (I can't believe I forgot my wallet at home.)

pagar to pay — pagado/pagando

	presente	pretérito imperfecto	pretérito indefinido	pretérito perfecto	futuro	condicional presente	subjuntivo presente
yo	pago	pagaba	pagué	he pagado	pagaré	pagaría	pague
tú	pagas	pagabas	pagaste	has pagado	pagarás	pagarías	pagues
él	paga	pagaba	pagó	ha pagado	pagará	pagaría	pague
nosotros	pagamos	pagábamos	pagamos	hemos pagado	pagaremos	pagaríamos	paguemos
vosotros	pagáis	pagabais	pagasteis	habéis pagado	pagaréis	pagaríais	paguéis
ellos	pagan	pagaban	pagaron	han pagado	pagarán	pagarían	paguen

	pretérito pq.perfecto	subj.pret. imperfecto	subj.pret. perfecto	subj.pret. pq.perfecto	futuro perfecto	condicional compuesto	imperativo afirm./neg.
yo	había pagado	pagara/ pagase	haya pagado	hubiera pagado	habré pagado	habría pagado	
tú	habías pagado	pagaras/ pagases	hayas pagado	hubieras pagado	habrás pagado	habrías pagado	paga/ no pagues
él	había pagado	pagara/ pagase	haya pagado	hubiera pagado	habrá pagado	habría pagado	pague/ no pague
nosotros	habíamos pagado	pagáramos/ pagásemos	hayamos pagado	hubiéramos pagado	habremos pagado	habríamos pagado	paguemos/ no paguemos
vosotros	habíais pagado	pagarais/ pagaseis	hayáis pagado	hubierais pagado	habréis pagado	habríais pagado	pagad/ no paguéis
ellos	habían pagado	pagaran/ pagasen	hayan pagado	hubieran pagado	habrán pagado	habrían pagado	paguen/ no paguen

Por favor, paga la factura antes de la fecha de vencimiento. (Please pay the bill before it is due.)

parecer to seem — parecido/pareciendo

	presente	pretérito imperfecto	pretérito indefinido	pretérito perfecto	futuro	condicional presente	subjuntivo presente
yo	parezco	parecía	parecí	he parecido	pareceré	parecería	parezca
tú	pareces	parecías	pareciste	has parecido	parecerás	parecerías	parezcas
él	parece	parecía	pareció	ha parecido	parecerá	parecería	parezca
nosotros	parecemos	parecíamos	parecimos	hemos parecido	pareceremos	pareceríamos	parezcamos
vosotros	parecéis	parecíais	parecisteis	habéis parecido	pareceréis	pareceríais	parezcáis
ellos	parecen	parecían	parecieron	han parecido	parecerán	parecerían	parezcan
	pretérito pq.perfecto	subj.pret. imperfecto	subj.pret. perfecto	subj.pret. pq.perfecto	futuro perfecto	condicional compuesto	imperativo afirm./neg.
yo	había parecido	pareciera/ pareciese	haya parecido	hubiera parecido	habré parecido	habría parecido	
tú	habías parecido	parecieras/ parecieses	hayas parecido	hubieras parecido	habrás parecido	habrías parecido	parece/ no parezcas
él	había parecido	pareciera/ pareciese	haya parecido	hubiera parecido	habrá parecido	habría parecido	parezca/ no parezca
nosotros	habíamos parecido	pareciéramos/ pareciésemos	hayamos parecido	hubiéramos parecido	habremos parecido	habríamos parecido	parezcamos/ no parezcamos
vosotros	habíais parecido	parecierais/ parecieseis	hayáis parecido	hubierais parecido	habréis parecido	habríais parecido	pareced/ no parezcáis
ellos	habían parecido	parecieran/ pareciesen	hayan parecido	hubieran parecido	habrán parecido	habrían parecido	parezcan/ no parezcan

Intenta al menos parecer amable con la gente. (Try to at least look nice to people.)

pedir to request — pedido/pidiendo

	presente	pretérito imperfecto	pretérito indefinido	pretérito perfecto	futuro	condicional presente	subjuntivo presente
yo	pido	pedía	pedí	he pedido	pediré	pediría	pida
tú	pides	pedías	pediste	has pedido	pedirás	pedirías	pidas
él	pide	pedía	pidió	ha pedido	pedirá	pediría	pida
nosotros	pedimos	pedíamos	pedimos	hemos pedido	pediremos	pediríamos	pidamos
vosotros	pedís	pedíais	pedisteis	habéis pedido	pediréis	pediríais	pidáis
ellos	piden	pedían	pidieron	han pedido	pedirán	pedirían	pidan
	pretérito pq.perfecto	subj.pret. imperfecto	subj.pret. perfecto	subj.pret. pq.perfecto	futuro perfecto	condicional compuesto	imperativo afirm./neg.
yo	había pedido	pidiera/ pidiese	haya pedido	hubiera pedido	habré pedido	habría pedido	
tú	habías pedido	pidieras/ pidieses	hayas pedido	hubieras pedido	habrás pedido	habrías pedido	pide/ no pidas
él	había pedido	pidiera/ pidiese	haya pedido	hubiera pedido	habrá pedido	habría pedido	pida/ no pida
nosotros	habíamos pedido	pidiéramos/ pidiésemos	hayamos pedido	hubiéramos pedido	habremos pedido	habríamos pedido	pidamos/ no pidamos
vosotros	habíais pedido	pidierais/ pidieseis	hayáis pedido	hubierais pedido	habréis pedido	habríais pedido	pedid/ no pidáis
ellos	habían pedido	pidieran/ pidiesen	hayan pedido	hubieran pedido	habrán pedido	habrían pedido	pidan/ no pidan

Voy a pedir una pizza para la cena, ¿alguna preferencia de topping? (I'm ordering pizza for dinner, any topping preferences?)

pensar to think — pensado/pensando

	presente	pretérito imperfecto	pretérito indefinido	pretérito perfecto	futuro	condicional presente	subjuntivo presente
yo	pienso	pensaba	pensé	he pensado	pensaré	pensaría	piense
tú	piensas	pensabas	pensaste	has pensado	pensarás	pensarías	pienses
él	piensa	pensaba	pensó	ha pensado	pensará	pensaría	piense
nosotros	pensamos	pensábamos	pensamos	hemos pensado	pensaremos	pensaríamos	pensemos
vosotros	pensáis	pensabais	pensasteis	habéis pensado	pensaréis	pensaríais	penséis
ellos	piensan	pensaban	pensaron	han pensado	pensarán	pensarían	piensen

	pretérito pq.perfecto	subj.pret. imperfecto	subj.pret. perfecto	subj.pret. pq.perfecto	futuro perfecto	condicional compuesto	imperativo afirm./neg.
yo	había pensado	pensara/ pensase	haya pensado	hubiera pensado	habré pensado	habría pensado	
tú	habías pensado	pensaras/ pensases	hayas pensado	hubieras pensado	habrás pensado	habrías pensado	piensa/ no pienses
él	había pensado	pensara/ pensase	haya pensado	hubiera pensado	habrá pensado	habría pensado	piense/ no piense
nosotros	habíamos pensado	pensáramos/ pensásemos	hayamos pensado	hubiéramos pensado	habremos pensado	habríamos pensado	pensemos/ no pensemos
vosotros	habíais pensado	pensarais/ pensaseis	hayáis pensado	hubierais pensado	habréis pensado	habríais pensado	pensad/ no penséis
ellos	habían pensado	pensaran/ pensasen	hayan pensado	hubieran pensado	habrán pensado	habrían pensado	piensen/ no piensen

Estoy pensando en hacer un viaje al extranjero el próximo verano. (I'm thinking of taking a trip abroad next summer.)

perder to lose — perdido/perdiendo

	presente	pretérito imperfecto	pretérito indefinido	pretérito perfecto	futuro	condicional presente	subjuntivo presente
yo	pierdo	perdía	perdí	he perdido	perderé	perdería	pierda
tú	pierdes	perdías	perdiste	has perdido	perderás	perderías	pierdas
él	pierde	perdía	perdió	ha perdido	perderá	perdería	pierda
nosotros	perdemos	perdíamos	perdimos	hemos perdido	perderemos	perderíamos	perdamos
vosotros	perdéis	perdíais	perdisteis	habéis perdido	perderéis	perderíais	perdáis
ellos	pierden	perdían	perdieron	han perdido	perderán	perderían	pierdan

	pretérito pq.perfecto	subj.pret. imperfecto	subj.pret. perfecto	subj.pret. pq.perfecto	futuro perfecto	condicional compuesto	imperativo afirm./neg.
yo	había perdido	perdiera/ perdiese	haya perdido	hubiera perdido	habré perdido	habría perdido	
tú	habías perdido	perdieras/ perdieses	hayas perdido	hubieras perdido	habrás perdido	habrías perdido	pierde/ no pierdas
él	había perdido	perdiera/ perdiese	haya perdido	hubiera perdido	habrá perdido	habría perdido	pierda/ no pierda
nosotros	habíamos perdido	perdiéramos/ perdiésemos	hayamos perdido	hubiéramos perdido	habremos perdido	habríamos perdido	perdamos/ no perdamos
vosotros	habíais perdido	perdierais/ perdieseis	hayáis perdido	hubierais perdido	habréis perdido	habríais perdido	perded/ no perdáis
ellos	habían perdido	perdieran/ perdiesen	hayan perdido	hubieran perdido	habrán perdido	habrían perdido	pierdan/ no pierdan

Perdí mi cartera en el autobús. (I lost my wallet on the bus.)

permanecer to remain/to stay permanecido/permaneciendo

	presente	pretérito imperfecto	pretérito indefinido	pretérito perfecto	futuro	condicional presente	subjuntivo presente
yo	permanezco	permanecía	permanecí	he permanecido	permaneceré	permanecería	permanezca
tú	permaneces	permanecías	permaneciste	has permanecido	permanecerás	permanecerías	permanezcas
él	permanece	permanecía	permaneció	ha permanecido	permanecerá	permanecería	permanezca
nosotros	permanecemos	permanecíamos	permanecimos	hemos permanecido	permaneceremos	permaneceríamos	permanezcamos
vosotros	permanecéis	permanecíais	permanecisteis	habéis permanecido	permaneceréis	permaneceríais	permanezcáis
ellos	permanecen	permanecían	permanecieron	han permanecido	permanecerán	permanecerían	permanezcan
	pretérito pq.perfecto	subj.pret. imperfecto	subj.pret. perfecto	subj.pret. pq.perfecto	futuro perfecto	condicional compuesto	imperativo afirm./neg.
yo	había permanecido	permaneciera/ permaneciese	haya permanecido	hubiera permanecido	habré permanecido	habría permanecido	
tú	habías permanecido	permanecieras/ permanecieses	hayas permanecido	hubieras permanecido	habrás permanecido	habrías permanecido	permanece/ no permanezcas
él	había permanecido	permaneciera/ permaneciese	haya permanecido	hubiera permanecido	habrá permanecido	habría permanecido	permanezca/ no permanezca
nosotros	habíamos permanecido	permaneciéramos/ permaneciésemos	hayamos permanecido	hubiéramos permanecido	habremos permanecido	habríamos permanecido	permanezcamos/ no permanezcamos
vosotros	habíais permanecido	permanecierais/ permanecieseis	hayáis permanecido	hubierais permanecido	habréis permanecido	habríais permanecido	permaneced/ no permanezcáis
ellos	habían permanecido	permanecieran/ permaneciesen	hayan permanecido	hubieran permanecido	habrán permanecido	habrían permanecido	permanezcan/ no permanezcan

Decidí permanecer en casa y descansar en lugar de salir con mis amigos. (I decided to stay home and rest instead of going out with my friends.)

permitir to allow permitido/permitiendo

	presente	pretérito imperfecto	pretérito indefinido	pretérito perfecto	futuro	condicional presente	subjuntivo presente
yo	permito	permitía	permití	he permitido	permitiré	permitiría	permita
tú	permites	permitías	permitiste	has permitido	permitirás	permitirías	permitas
él	permite	permitía	permitió	ha permitido	permitirá	permitiría	permita
nosotros	permitimos	permitíamos	permitimos	hemos permitido	permitiremos	permitiríamos	permitamos
vosotros	permitís	permitíais	permitisteis	habéis permitido	permitiréis	permitiríais	permitáis
ellos	permiten	permitían	permitieron	han permitido	permitirán	permitirían	permitan
	pretérito pq.perfecto	subj.pret. imperfecto	subj.pret. perfecto	subj.pret. pq.perfecto	futuro perfecto	condicional compuesto	imperativo afirm./neg.
yo	había permitido	permitiera/ permitiese	haya permitido	hubiera permitido	habré permitido	habría permitido	
tú	habías permitido	permitieras/ permitieses	hayas permitido	hubieras permitido	habrás permitido	habrías permitido	permite/ no permitas
él	había permitido	permitiera/ permitiese	haya permitido	hubiera permitido	habrá permitido	habría permitido	permita/ no permita
nosotros	habíamos permitido	permitiéramos/ permitiésemos	hayamos permitido	hubiéramos permitido	habremos permitido	habríamos permitido	permitamos/ no permitamos
vosotros	habíais permitido	permitierais/ permitieseis	hayáis permitido	hubierais permitido	habréis permitido	habríais permitido	permitid/ no permitáis
ellos	habían permitido	permitieran/ permitiesen	hayan permitido	hubieran permitido	habrán permitido	habrían permitido	permitan/ no permitan

Mi jefe me permitió tomar el día libre para resolver algunos asuntos personales. (My boss allowed me to take the day off to resolve some personal issues.)

plantear — to raise — planteado/planteando

	presente	pretérito imperfecto	pretérito indefinido	pretérito perfecto	futuro	condicional presente	subjuntivo presente
yo	planteo	planteaba	planteé	he planteado	plantearé	plantearía	plantee
tú	planteas	planteabas	planteaste	has planteado	plantearás	plantearías	plantees
él	plantea	planteaba	planteó	ha planteado	planteará	plantearía	plantee
nosotros	planteamos	planteábamos	planteamos	hemos planteado	plantearemos	plantearíamos	planteemos
vosotros	planteáis	planteabais	planteasteis	habéis planteado	plantearéis	plantearíais	planteéis
ellos	plantean	planteaban	plantearon	han planteado	plantearán	plantearían	planteen

	pretérito pq.perfecto	subj.pret. imperfecto	subj.pret. perfecto	subj.pret. pq.perfecto	futuro perfecto	condicional compuesto	imperativo afirm./neg.
yo	había planteado	planteara/ plantease	haya planteado	hubiera planteado	habré planteado	habría planteado	
tú	habías planteado	plantearas/ planteases	hayas planteado	hubieras planteado	habrás planteado	habrías planteado	plantea/ no plantees
él	había planteado	planteara/ plantease	haya planteado	hubiera planteado	habrá planteado	habría planteado	plantee/ no plantee
nosotros	habíamos planteado	planteáramos/ planteásemos	hayamos planteado	hubiéramos planteado	habremos planteado	habríamos planteado	planteemos/ no planteemos
vosotros	habíais planteado	plantearais/ planteaseis	hayáis planteado	hubierais planteado	habréis planteado	habríais planteado	plantead/ no planteéis
ellos	habían planteado	plantearan/ planteasen	hayan planteado	hubieran planteado	habrán planteado	habrían planteado	planteen/ no planteen

Vamos a plantear este problema en la próxima reunión del equipo. (We are going to raise this issue at the next team meeting.)

poder — to be able to — podido/pudiendo

	presente	pretérito imperfecto	pretérito indefinido	pretérito perfecto	futuro	condicional presente	subjuntivo presente
yo	puedo	podía	pude	he podido	podré	podría	pueda
tú	puedes	podías	pudiste	has podido	podrás	podrías	puedas
él	puede	podía	pudo	ha podido	podrá	podría	pueda
nosotros	podemos	podíamos	pudimos	hemos podido	podremos	podríamos	podamos
vosotros	podéis	podíais	pudisteis	habéis podido	podréis	podríais	podáis
ellos	pueden	podían	pudieron	han podido	podrán	podrían	puedan

	pretérito pq.perfecto	subj.pret. imperfecto	subj.pret. perfecto	subj.pret. pq.perfecto	futuro perfecto	condicional compuesto	imperativo afirm./neg.
yo	había podido	pudiera/ pudiese	haya podido	hubiera podido	habré podido	habría podido	
tú	habías podido	pudieras/ pudieses	hayas podido	hubieras podido	habrás podido	habrías podido	puede/ no puedas
él	había podido	pudiera/ pudiese	haya podido	hubiera podido	habrá podido	habría podido	pueda/ no pueda
nosotros	habíamos podido	pudiéramos/ pudiésemos	hayamos podido	hubiéramos podido	habremos podido	habríamos podido	podamos/ no podamos
vosotros	habíais podido	pudierais/ pudieseis	hayáis podido	hubierais podido	habréis podido	habríais podido	poded/ no podáis
ellos	habían podido	pudieran/ pudiesen	hayan podido	hubieran podido	habrán podido	habrían podido	puedan/ no puedan

Si te esfuerzas, podrás alcanzar tus metas. (If you put in the effort, you will be able to reach your goals.)

poner to put — puesto/poniendo

	presente	pretérito imperfecto	pretérito indefinido	pretérito perfecto	futuro	condicional presente	subjuntivo presente
yo	pongo	ponía	puse	he puesto	pondré	pondría	ponga
tú	pones	ponías	pusiste	has puesto	pondrás	pondrías	pongas
él	pone	ponía	puso	ha puesto	pondrá	pondría	ponga
nosotros	ponemos	poníamos	pusimos	hemos puesto	pondremos	pondríamos	pongamos
vosotros	ponéis	poníais	pusisteis	habéis puesto	pondréis	pondríais	pongáis
ellos	ponen	ponían	pusieron	han puesto	pondrán	pondrían	pongan
	pretérito pq.perfecto	**subj.pret. imperfecto**	**subj.pret. perfecto**	**subj.pret. pq.perfecto**	**futuro perfecto**	**condicional compuesto**	**imperativo afirm./neg.**
yo	había puesto	pusiera/ pusiese	haya puesto	hubiera puesto	habré puesto	habría puesto	
tú	habías puesto	pusieras/ pusieses	hayas puesto	hubieras puesto	habrás puesto	habrías puesto	pon/ no pongas
él	había puesto	pusiera/ pusiese	haya puesto	hubiera puesto	habrá puesto	habría puesto	ponga/ no ponga
nosotros	habíamos puesto	pusiéramos/ pusiésemos	hayamos puesto	hubiéramos puesto	habremos puesto	habríamos puesto	pongamos/ no pongamos
vosotros	habíais puesto	pusierais/ pusieseis	hayáis puesto	hubierais puesto	habréis puesto	habríais puesto	poned/ no pongáis
ellos	habían puesto	pusieran/ pusiesen	hayan puesto	hubieran puesto	habrán puesto	habrían puesto	pongan/ no pongan

Por favor, pon los libros en la estantería. (Please put the books on the shelf.)

poseer to own — poseso/poseyendo

	presente	pretérito imperfecto	pretérito indefinido	pretérito perfecto	futuro	condicional presente	subjuntivo presente
yo	poseo	poseía	poseí	he poseso	poseeré	poseería	posea
tú	posees	poseías	poseíste	has poseso	poseerás	poseerías	poseas
él	posee	poseía	poseyó	ha poseso	poseerá	poseería	posea
nosotros	poseemos	poseíamos	poseímos	hemos poseso	poseeremos	poseeríamos	poseamos
vosotros	poseéis	poseíais	poseísteis	habéis poseso	poseeréis	poseeríais	poseáis
ellos	poseen	poseían	poseyeron	han poseso	poseerán	poseerían	posean
	pretérito pq.perfecto	**subj.pret. imperfecto**	**subj.pret. perfecto**	**subj.pret. pq.perfecto**	**futuro perfecto**	**condicional compuesto**	**imperativo afirm./neg.**
yo	había poseso	poseyera/ poseyese	haya poseso	hubiera poseso	habré poseso	habría poseso	
tú	habías poseso	poseyeras/ poseyeses	hayas poseso	hubieras poseso	habrás poseso	habrías poseso	posee/ no poseas
él	había poseso	poseyera/ poseyese	haya poseso	hubiera poseso	habrá poseso	habría poseso	posea/ no posea
nosotros	habíamos poseso	poseyéramos/ poseyésemos	hayamos poseso	hubiéramos poseso	habremos poseso	habríamos poseso	poseamos/ no poseamos
vosotros	habíais poseso	poseyerais/ poseyeseis	hayáis poseso	hubierais poseso	habréis poseso	habríais poseso	poseed/ no poseáis
ellos	habían poseso	poseyeran/ poseyesen	hayan poseso	hubieran poseso	habrán poseso	habrían poseso	posean/ no posean

Mi hermana posee una impresionante colección de sellos antiguos. (My sister has an impressive collection of antique stamps.)

preferir to prefer — preferido/prefiriendo

	presente	pretérito imperfecto	pretérito indefinido	pretérito perfecto	futuro	condicional presente	subjuntivo presente
yo	prefiero	prefería	preferí	he preferido	preferiré	preferiría	prefiera
tú	prefieres	preferías	preferiste	has preferido	preferirás	preferirías	prefieras
él	prefiere	prefería	prefirió	ha preferido	preferirá	preferiría	prefiera
nosotros	preferimos	preferíamos	preferimos	hemos preferido	preferiremos	preferiríamos	prefiramos
vosotros	preferís	preferíais	preferisteis	habéis preferido	preferiréis	preferiríais	prefiráis
ellos	prefieren	preferían	prefirieron	han preferido	preferirán	preferirían	prefieran

	pretérito pq.perfecto	subj.pret. imperfecto	subj.pret. perfecto	subj.pret. pq.perfecto	futuro perfecto	condicional compuesto	imperativo afirm./neg.
yo	había preferido	prefiriera/ prefiriese	haya preferido	hubiera preferido	habré preferido	habría preferido	
tú	habías preferido	prefirieras/ prefirieses	hayas preferido	hubieras preferido	habrás preferido	habrías preferido	prefiere/ no prefieras
él	había preferido	prefiriera/ prefiriese	haya preferido	hubiera preferido	habrá preferido	habría preferido	prefiera/ no prefiera
nosotros	habíamos preferido	prefiriéramos/ prefiriésemos	hayamos preferido	hubiéramos preferido	habremos preferido	habríamos preferido	prefiramos/ no prefiramos
vosotros	habíais preferido	prefirierais/ prefirieseis	hayáis preferido	hubierais preferido	habréis preferido	habríais preferido	preferid/ no prefiráis
ellos	habían preferido	prefirieran/ prefiriesen	hayan preferido	hubieran preferido	habrán preferido	habrían preferido	prefieran/ no prefieran

Prefiero tomar el té en lugar de café por la mañana. (I prefer to drink tea instead of coffee in the morning.)

preguntar to ask — preguntado/preguntando

	presente	pretérito imperfecto	pretérito indefinido	pretérito perfecto	futuro	condicional presente	subjuntivo presente
yo	pregunto	preguntaba	pregunté	he preguntado	preguntaré	preguntaría	pregunte
tú	preguntas	preguntabas	preguntaste	has preguntado	preguntarás	preguntarías	preguntes
él	pregunta	preguntaba	preguntó	ha preguntado	preguntará	preguntaría	pregunte
nosotros	preguntamos	preguntábamos	preguntamos	hemos preguntado	preguntaremos	preguntaríamos	preguntemos
vosotros	preguntáis	preguntabais	preguntasteis	habéis preguntado	preguntaréis	preguntaríais	preguntéis
ellos	preguntan	preguntaban	preguntaron	han preguntado	preguntarán	preguntarían	pregunten

	pretérito pq.perfecto	subj.pret. imperfecto	subj.pret. perfecto	subj.pret. pq.perfecto	futuro perfecto	condicional compuesto	imperativo afirm./neg.
yo	había preguntado	preguntara/ preguntase	haya preguntado	hubiera preguntado	habré preguntado	habría preguntado	
tú	habías preguntado	preguntaras/ preguntases	hayas preguntado	hubieras preguntado	habrás preguntado	habrías preguntado	pregunta/ no preguntes
él	había preguntado	preguntara/ preguntase	haya preguntado	hubiera preguntado	habrá preguntado	habría preguntado	pregunte/ no pregunte
nosotros	habíamos preguntado	preguntáramos/ preguntásemos	hayamos preguntado	hubiéramos preguntado	habremos preguntado	habríamos preguntado	preguntemos/ no preguntemos
vosotros	habíais preguntado	preguntarais/ preguntaseis	hayáis preguntado	hubierais preguntado	habréis preguntado	habríais preguntado	preguntad/ no preguntéis
ellos	habían preguntado	preguntaran/ preguntasen	hayan preguntado	hubieran preguntado	habrán preguntado	habrían preguntado	pregunten/ no pregunten

Pregúntale a ella. Ella debería saberlo. (Ask her. She should know.)

preparar to prepare — preparado/preparando

	presente	pretérito imperfecto	pretérito indefinido	pretérito perfecto	futuro	condicional presente	subjuntivo presente
yo	preparo	preparaba	preparé	he preparado	prepararé	prepararía	prepare
tú	preparas	preparabas	preparaste	has preparado	prepararás	prepararías	prepares
él	prepara	preparaba	preparó	ha preparado	preparará	prepararía	prepare
nosotros	preparamos	preparábamos	preparamos	hemos preparado	prepararemos	prepararíamos	preparemos
vosotros	preparáis	preparabais	preparasteis	habéis preparado	prepararéis	prepararíais	preparéis
ellos	preparan	preparaban	prepararon	han preparado	prepararán	prepararían	preparen
	pretérito pq.perfecto	subj.pret. imperfecto	subj.pret. perfecto	subj.pret. pq.perfecto	futuro perfecto	condicional compuesto	imperativo afirm./neg.
yo	había preparado	preparara/ preparase	haya preparado	hubiera preparado	habré preparado	habría preparado	
tú	habías preparado	prepararas/ preparases	hayas preparado	hubieras preparado	habrás preparado	habrías preparado	prepara/ no prepares
él	había preparado	preparara/ preparase	haya preparado	hubiera preparado	habrá preparado	habría preparado	prepare/ no prepare
nosotros	habíamos preparado	preparáramos/ preparásemos	hayamos preparado	hubiéramos preparado	habremos preparado	habríamos preparado	preparemos/ no preparemos
vosotros	habíais preparado	prepararais/ preparaseis	hayáis preparado	hubierais preparado	habréis preparado	habríais preparado	preparad/ no preparéis
ellos	habían preparado	prepararan/ preparasen	hayan preparado	hubieran preparado	habrán preparado	habrían preparado	preparen/ no preparen

Voy a preparar la cena para nuestros invitados esta noche. (I'm going to prepare dinner for our guests tonight.)

pretender to pretend — pretenso/pretendiendo

	presente	pretérito imperfecto	pretérito indefinido	pretérito perfecto	futuro	condicional presente	subjuntivo presente
yo	pretendo	pretendía	pretendí	he pretenso	pretenderé	pretendería	pretenda
tú	pretendes	pretendías	pretendiste	has pretenso	pretenderás	pretenderías	pretendas
él	pretende	pretendía	pretendió	ha pretenso	pretenderá	pretendería	pretenda
nosotros	pretendemos	pretendíamos	pretendimos	hemos pretenso	pretenderemos	pretenderíamos	pretendamos
vosotros	pretendéis	pretendíais	pretendisteis	habéis pretenso	pretenderéis	pretenderíais	pretendáis
ellos	pretenden	pretendían	pretendieron	han pretenso	pretenderán	pretenderían	pretendan
	pretérito pq.perfecto	subj.pret. imperfecto	subj.pret. perfecto	subj.pret. pq.perfecto	futuro perfecto	condicional compuesto	imperativo afirm./neg.
yo	había pretenso	pretendiera/ pretendiese	haya pretenso	hubiera pretenso	habré pretenso	habría pretenso	
tú	habías pretenso	pretendieras/ pretendieses	hayas pretenso	hubieras pretenso	habrás pretenso	habrías pretenso	pretende/ no pretendas
él	había pretenso	pretendiera/ pretendiese	haya pretenso	hubiera pretenso	habrá pretenso	habría pretenso	pretenda/ no pretenda
nosotros	habíamos pretenso	pretendiéramos/ pretendiésemos	hayamos pretenso	hubiéramos pretenso	habremos pretenso	habríamos pretenso	pretendamos/ no pretendamos
vosotros	habíais pretenso	pretendierais/ pretendieseis	hayáis pretenso	hubierais pretenso	habréis pretenso	habríais pretenso	pretended/ no pretendáis
ellos	habían pretenso	pretendieran/ pretendiesen	hayan pretenso	hubieran pretenso	habrán pretenso	habrían pretenso	pretendan/ no pretendan

No creo que esté pretendiendo ser alguien que no es, es auténtico. (I don't think he's pretending to be someone he's not, he's authentic.)

producir — to produce — producido/produciendo

	presente	pretérito imperfecto	pretérito indefinido	pretérito perfecto	futuro	condicional presente	subjuntivo presente
yo	produzco	producía	produje	he producido	produciré	produciría	produzca
tú	produces	producías	produjiste	has producido	producirás	producirías	produzcas
él	produce	producía	produjo	ha producido	producirá	produciría	produzca
nosotros	producimos	producíamos	produjimos	hemos producido	produciremos	produciríamos	produzcamos
vosotros	producís	producíais	produjisteis	habéis producido	produciréis	produciríais	produzcáis
ellos	producen	producían	produjeron	han producido	producirán	producirían	produzcan

	pretérito pq.perfecto	subj.pret. imperfecto	subj.pret. perfecto	subj.pret. pq.perfecto	futuro perfecto	condicional compuesto	imperativo afirm./neg.
yo	había producido	produjera/ produjese	haya producido	hubiera producido	habré producido	habría producido	
tú	habías producido	produjeras/ produjeses	hayas producido	hubieras producido	habrás producido	habrías producido	produce/ no produzcas
él	había producido	produjera/ produjese	haya producido	hubiera producido	habrá producido	habría producido	produzca/ no produzca
nosotros	habíamos producido	produjéramos/ produjésemos	hayamos producido	hubiéramos producido	habremos producido	habríamos producido	produzcamos/ no produzcamos
vosotros	habíais producido	produjerais/ produjeseis	hayáis producido	hubierais producido	habréis producido	habríais producido	producid/ no produzcáis
ellos	habían producido	produjeran/ produjesen	hayan producido	hubieran producido	habrán producido	habrían producido	produzcan/ no produzcan

Esta fábrica produce miles de unidades al día. (This factory produces thousands of units a day.)

proponer — to propose — propuesto/proponiendo

	presente	pretérito imperfecto	pretérito indefinido	pretérito perfecto	futuro	condicional presente	subjuntivo presente
yo	propongo	proponía	propuse	he propuesto	propondré	propondría	proponga
tú	propones	proponías	propusiste	has propuesto	propondrás	propondrías	propongas
él	propone	proponía	propuso	ha propuesto	propondrá	propondría	proponga
nosotros	proponemos	proponíamos	propusimos	hemos propuesto	propondremos	propondríamos	propongamos
vosotros	proponéis	proponíais	propusisteis	habéis propuesto	propondréis	propondríais	propongáis
ellos	proponen	proponían	propusieron	han propuesto	propondrán	propondrían	propongan

	pretérito pq.perfecto	subj.pret. imperfecto	subj.pret. perfecto	subj.pret. pq.perfecto	futuro perfecto	condicional compuesto	imperativo afirm./neg.
yo	había propuesto	propusiera/ propusiese	haya propuesto	hubiera propuesto	habré propuesto	habría propuesto	
tú	habías propuesto	propusieras/ propusieses	hayas propuesto	hubieras propuesto	habrás propuesto	habrías propuesto	propón/ no propongas
él	había propuesto	propusiera/ propusiese	haya propuesto	hubiera propuesto	habrá propuesto	habría propuesto	proponga/ no proponga
nosotros	habíamos propuesto	propusiéramos/ propusiésemos	hayamos propuesto	hubiéramos propuesto	habremos propuesto	habríamos propuesto	propongamos/ no propongamos
vosotros	habíais propuesto	propusierais/ propusieseis	hayáis propuesto	hubierais propuesto	habréis propuesto	habríais propuesto	proponed/ no propongáis
ellos	habían propuesto	propusieran/ propusiesen	hayan propuesto	hubieran propuesto	habrán propuesto	habrían propuesto	propongan/ no propongan

Quiero proponer una idea para mejorar el proceso de trabajo. (I want to propose an idea to improve the work process.)

quedar to meet/to be left quedado/quedando

	presente	pretérito imperfecto	pretérito indefinido	pretérito perfecto	futuro	condicional presente	subjuntivo presente
yo	quedo	quedaba	quedé	he quedado	quedaré	quedaría	quede
tú	quedas	quedabas	quedaste	has quedado	quedarás	quedarías	quedes
él	queda	quedaba	quedó	ha quedado	quedará	quedaría	quede
nosotros	quedamos	quedábamos	quedamos	hemos quedado	quedaremos	quedaríamos	quedemos
vosotros	quedáis	quedabais	quedasteis	habéis quedado	quedaréis	quedaríais	quedéis
ellos	quedan	quedaban	quedaron	han quedado	quedarán	quedarían	queden

	pretérito pq.perfecto	subj.pret. imperfecto	subj.pret. perfecto	subj.pret. pq.perfecto	futuro perfecto	condicional compuesto	imperativo afirm./neg.
yo	había quedado	quedara/ quedase	haya quedado	hubiera quedado	habré quedado	habría quedado	
tú	habías quedado	quedaras/ quedases	hayas quedado	hubieras quedado	habrás quedado	habrías quedado	queda/ no quedes
él	había quedado	quedara/ quedase	haya quedado	hubiera quedado	habrá quedado	habría quedado	quede/ no quede
nosotros	habíamos quedado	quedáramos/ quedásemos	hayamos quedado	hubiéramos quedado	habremos quedado	habríamos quedado	quedemos/ no quedemos
vosotros	habíais quedado	quedarais/ quedaseis	hayáis quedado	hubierais quedado	habréis quedado	habríais quedado	quedad/ no quedéis
ellos	habían quedado	quedaran/ quedasen	hayan quedado	hubieran quedado	habrán quedado	habrían quedado	queden/ no queden

Quedamos en encontrarnos en el café a las 3 de la tarde. (We arranged to meet at the café at 3 p.m. I want to visit Paris someday.)

querer to want querido/queriendo

	presente	pretérito imperfecto	pretérito indefinido	pretérito perfecto	futuro	condicional presente	subjuntivo presente
yo	quiero	quería	quise	he querido	querré	querría	quiera
tú	quieres	querías	quisiste	has querido	querrás	querrías	quieras
él	quiere	quería	quiso	ha querido	querrá	querría	quiera
nosotros	queremos	queríamos	quisimos	hemos querido	querremos	querríamos	queramos
vosotros	queréis	queríais	quisisteis	habéis querido	querréis	querríais	queráis
ellos	quieren	querían	quisieron	han querido	querrán	querrían	quieran

	pretérito pq.perfecto	subj.pret. imperfecto	subj.pret. perfecto	subj.pret. pq.perfecto	futuro perfecto	condicional compuesto	imperativo afirm./neg.
yo	había querido	quisiera/ quisiese	haya querido	hubiera querido	habré querido	habría querido	
tú	habías querido	quisieras/ quisieses	hayas querido	hubieras querido	habrás querido	habrías querido	quiere/ no quieras
él	había querido	quisiera/ quisiese	haya querido	hubiera querido	habrá querido	habría querido	quiera/ no quiera
nosotros	habíamos querido	quisiéramos/ quisiésemos	hayamos querido	hubiéramos querido	habremos querido	habríamos querido	queramos/ no queramos
vosotros	habíais querido	quisierais/ quisieseis	hayáis querido	hubierais querido	habréis querido	habríais querido	quered/ no queráis
ellos	habían querido	quisieran/ quisiesen	hayan querido	hubieran querido	habrán querido	habrían querido	quieran/ no quieran

Quiero visitar París algún día, es mi sueño. (I want to visit Paris someday, it's my dream.)

quitar — to remove — quitado/quitando

	presente	pretérito imperfecto	pretérito indefinido	pretérito perfecto	futuro	condicional presente	subjuntivo presente
yo	quito	quitaba	quité	he quitado	quitaré	quitaría	quite
tú	quitas	quitabas	quitaste	has quitado	quitarás	quitarías	quites
él	quita	quitaba	quitó	ha quitado	quitará	quitaría	quite
nosotros	quitamos	quitábamos	quitamos	hemos quitado	quitaremos	quitaríamos	quitemos
vosotros	quitáis	quitabais	quitasteis	habéis quitado	quitaréis	quitaríais	quitéis
ellos	quitan	quitaban	quitaron	han quitado	quitarán	quitarían	quiten

	pretérito pq.perfecto	subj.pret. imperfecto	subj.pret. perfecto	subj.pret. pq.perfecto	futuro perfecto	condicional compuesto	imperativo afirm./neg.
yo	había quitado	quitara/ quitase	haya quitado	hubiera quitado	habré quitado	habría quitado	
tú	habías quitado	quitaras/ quitases	hayas quitado	hubieras quitado	habrás quitado	habrías quitado	quita/ no quites
él	había quitado	quitara/ quitase	haya quitado	hubiera quitado	habrá quitado	habría quitado	quite/ no quite
nosotros	habíamos quitado	quitáramos/ quitásemos	hayamos quitado	hubiéramos quitado	habremos quitado	habríamos quitado	quitemos/ no quitemos
vosotros	habíais quitado	quitarais/ quitaseis	hayáis quitado	hubierais quitado	habréis quitado	habríais quitado	quitad/ no quitéis
ellos	habían quitado	quitaran/ quitasen	hayan quitado	hubieran quitado	habrán quitado	habrían quitado	quiten/ no quiten

Por favor, quita los platos sucios de la mesa. (Please take the dirty dishes off the table.)

realizar — to carry out — realizado/realizando

	presente	pretérito imperfecto	pretérito indefinido	pretérito perfecto	futuro	condicional presente	subjuntivo presente
yo	realizo	realizaba	realicé	he realizado	realizaré	realizaría	realice
tú	realizas	realizabas	realizaste	has realizado	realizarás	realizarías	realices
él	realiza	realizaba	realizó	ha realizado	realizará	realizaría	realice
nosotros	realizamos	realizábamos	realizamos	hemos realizado	realizaremos	realizaríamos	realicemos
vosotros	realizáis	realizabais	realizasteis	habéis realizado	realizaréis	realizaríais	realicéis
ellos	realizan	realizaban	realizaron	han realizado	realizarán	realizarían	realicen

	pretérito pq.perfecto	subj.pret. imperfecto	subj.pret. perfecto	subj.pret. pq.perfecto	futuro perfecto	condicional compuesto	imperativo afirm./neg.
yo	había realizado	realizara/ realizase	haya realizado	hubiera realizado	habré realizado	habría realizado	
tú	habías realizado	realizaras/ realizases	hayas realizado	hubieras realizado	habrás realizado	habrías realizado	realiza/ no realices
él	había realizado	realizara/ realizase	haya realizado	hubiera realizado	habrá realizado	habría realizado	realice/ no realice
nosotros	habíamos realizado	realizáramos/ realizásemos	hayamos realizado	hubiéramos realizado	habremos realizado	habríamos realizado	realicemos/ no realicemos
vosotros	habíais realizado	realizarais/ realizaseis	hayáis realizado	hubierais realizado	habréis realizado	habríais realizado	realizad/ no realicéis
ellos	habían realizado	realizaran/ realizasen	hayan realizado	hubieran realizado	habrán realizado	habrían realizado	realicen/ no realicen

Finalmente logré realizar mi sueño de estudiar en el extranjero. (I finally realized my dream of studying abroad.)

recibir to receive — recibido/recibiendo

	presente	pretérito imperfecto	pretérito indefinido	pretérito perfecto	futuro	condicional presente	subjuntivo presente
yo	recibo	recibía	recibí	he recibido	recibiré	recibiría	reciba
tú	recibes	recibías	recibiste	has recibido	recibirás	recibirías	recibas
él	recibe	recibía	recibió	ha recibido	recibirá	recibiría	reciba
nosotros	recibimos	recibíamos	recibimos	hemos recibido	recibiremos	recibiríamos	recibamos
vosotros	recibís	recibíais	recibisteis	habéis recibido	recibiréis	recibiríais	recibáis
ellos	reciben	recibían	recibieron	han recibido	recibirán	recibirían	reciban

	pretérito pq.perfecto	subj.pret. imperfecto	subj.pret. perfecto	subj.pret. pq.perfecto	futuro perfecto	condicional compuesto	imperativo afirm./neg.
yo	había recibido	recibiera/ recibiese	haya recibido	hubiera recibido	habré recibido	habría recibido	
tú	habías recibido	recibieras/ recibieses	hayas recibido	hubieras recibido	habrás recibido	habrías recibido	recibe/ no recibas
él	había recibido	recibiera/ recibiese	haya recibido	hubiera recibido	habrá recibido	habría recibido	reciba/ no reciba
nosotros	habíamos recibido	recibiéramos/ recibiésemos	hayamos recibido	hubiéramos recibido	habremos recibido	habríamos recibido	recibamos/ no recibamos
vosotros	habíais recibido	recibierais/ recibieseis	hayáis recibido	hubierais recibido	habréis recibido	habríais recibido	recibid/ no recibáis
ellos	habían recibido	recibieran/ recibiesen	hayan recibido	hubieran recibido	habrán recibido	habrían recibido	reciban/ no reciban

Recibí una carta de agradecimiento por mi contribución al proyecto. (I received a thank you letter for my contribution to the project.)

recoger to collect — recogido/recogiendo

	presente	pretérito imperfecto	pretérito indefinido	pretérito perfecto	futuro	condicional presente	subjuntivo presente
yo	recojo	recogía	recogí	he recogido	recogeré	recogería	recoja
tú	recoges	recogías	recogiste	has recogido	recogerás	recogerías	recojas
él	recoge	recogía	recogió	ha recogido	recogerá	recogería	recoja
nosotros	recogemos	recogíamos	recogimos	hemos recogido	recogeremos	recogeríamos	recojamos
vosotros	recogéis	recogíais	recogisteis	habéis recogido	recogeréis	recogeríais	recojáis
ellos	recogen	recogían	recogieron	han recogido	recogerán	recogerían	recojan

	pretérito pq.perfecto	subj.pret. imperfecto	subj.pret. perfecto	subj.pret. pq.perfecto	futuro perfecto	condicional compuesto	imperativo afirm./neg.
yo	había recogido	recogiera/ recogiese	haya recogido	hubiera recogido	habré recogido	habría recogido	
tú	habías recogido	recogieras/ recogieses	hayas recogido	hubieras recogido	habrás recogido	habrías recogido	recoge/ no recojas
él	había recogido	recogiera/ recogiese	haya recogido	hubiera recogido	habrá recogido	habría recogido	recoja/ no recoja
nosotros	habíamos recogido	recogiéramos/ recogiésemos	hayamos recogido	hubiéramos recogido	habremos recogido	habríamos recogido	recojamos/ no recojamos
vosotros	habíais recogido	recogierais/ recogieseis	hayáis recogido	hubierais recogido	habréis recogido	habríais recogido	recoged/ no recojáis
ellos	habían recogido	recogieran/ recogiesen	hayan recogido	hubieran recogido	habrán recogido	habrían recogido	recojan/ no recojan

Voy a recoger a mi hermana en el aeropuerto esta tarde. (I am going to pick up my sister at the airport this afternoon.)

reconocer to recognize · reconocido/reconociendo

	presente	pretérito imperfecto	pretérito indefinido	pretérito perfecto	futuro	condicional presente	subjuntivo presente
yo	reconozco	reconocía	reconocí	he reconocido	reconoceré	reconocería	reconozca
tú	reconoces	reconocías	reconociste	has reconocido	reconocerás	reconocerías	reconozcas
él	reconoce	reconocía	reconoció	ha reconocido	reconocerá	reconocería	reconozca
nosotros	reconocemos	reconocíamos	reconocimos	hemos reconocido	reconoceremos	reconoceríamos	reconozcamos
vosotros	reconocéis	reconocíais	reconocisteis	habéis reconocido	reconoceréis	reconoceríais	reconozcáis
ellos	reconocen	reconocían	reconocieron	han reconocido	reconocerán	reconocerían	reconozcan

	pretérito pq.perfecto	subj.pret. imperfecto	subj.pret. perfecto	subj.pret. pq.perfecto	futuro perfecto	condicional compuesto	imperativo afirm./neg.
yo	había reconocido	reconociera/ reconociese	haya reconocido	hubiera reconocido	habré reconocido	habría reconocido	
tú	habías reconocido	reconocieras/ reconocieses	hayas reconocido	hubieras reconocido	habrás reconocido	habrías reconocido	reconoce/ no reconozcas
él	había reconocido	reconociera/ reconociese	haya reconocido	hubiera reconocido	habrá reconocido	habría reconocido	reconozca/ no reconozca
nosotros	habíamos reconocido	reconociéramos/ reconociésemos	hayamos reconocido	hubiéramos reconocido	habremos reconocido	habríamos reconocido	reconozcamos/ no reconozcamos
vosotros	habíais reconocido	reconocierais/ reconocieseis	hayáis reconocido	hubierais reconocido	habréis reconocido	habríais reconocido	reconoced/ no reconozcáis
ellos	habían reconocido	reconocieran/ reconociesen	hayan reconocido	hubieran reconocido	habrán reconocido	habrían reconocido	reconozcan/ no reconozcan

Inmediatamente reconocí su voz cuando me llamó por teléfono. (I immediately recognized her voice when she called me on the phone.)

recordar to remember · recordado/recordando

	presente	pretérito imperfecto	pretérito indefinido	pretérito perfecto	futuro	condicional presente	subjuntivo presente
yo	recuerdo	recordaba	recordé	he recordado	recordaré	recordaría	recuerde
tú	recuerdas	recordabas	recordaste	has recordado	recordarás	recordarías	recuerdes
él	recuerda	recordaba	recordó	ha recordado	recordará	recordaría	recuerde
nosotros	recordamos	recordábamos	recordamos	hemos recordado	recordaremos	recordaríamos	recordemos
vosotros	recordáis	recordabais	recordasteis	habéis recordado	recordaréis	recordaríais	recordéis
ellos	recuerdan	recordaban	recordaron	han recordado	recordarán	recordarían	recuerden

	pretérito pq.perfecto	subj.pret. imperfecto	subj.pret. perfecto	subj.pret. pq.perfecto	futuro perfecto	condicional compuesto	imperativo afirm./neg.
yo	había recordado	recordara/ recordase	haya recordado	hubiera recordado	habré recordado	habría recordado	
tú	habías recordado	recordaras/ recordases	hayas recordado	hubieras recordado	habrás recordado	habrías recordado	recuerda/ no recuerdes
él	había recordado	recordara/ recordase	haya recordado	hubiera recordado	habrá recordado	habría recordado	recuerde/ no recuerde
nosotros	habíamos recordado	recordáramos/ recordásemos	hayamos recordado	hubiéramos recordado	habremos recordado	habríamos recordado	recordemos/ no recordemos
vosotros	habíais recordado	recordarais/ recordaseis	hayáis recordado	hubierais recordado	habréis recordado	habríais recordado	recordad/ no recordéis
ellos	habían recordado	recordaran/ recordasen	hayan recordado	hubieran recordado	habrán recordado	habrían recordado	recuerden/ no recuerden

Recuerda llevar tu identificación cuando vayas al concierto. (Remember to bring your ID when you go to the concert.)

reducir to reduce — reducido/reduciendo

	presente	pretérito imperfecto	pretérito indefinido	pretérito perfecto	futuro	condicional presente	subjuntivo presente
yo	reduzco	reducía	reduje	he reducido	reduciré	reduciría	reduzca
tú	reduces	reducías	redujiste	has reducido	reducirás	reducirías	reduzcas
él	reduce	reducía	redujo	ha reducido	reducirá	reduciría	reduzca
nosotros	reducimos	reducíamos	redujimos	hemos reducido	reduciremos	reduciríamos	reduzcamos
vosotros	reducís	reducíais	redujisteis	habéis reducido	reduciréis	reduciríais	reduzcáis
ellos	reducen	reducían	redujeron	han reducido	reducirán	reducirían	reduzcan

	pretérito pq.perfecto	subj.pret. imperfecto	subj.pret. perfecto	subj.pret. pq.perfecto	futuro perfecto	condicional compuesto	imperativo afirm./neg.
yo	había reducido	redujera/ redujese	haya reducido	hubiera reducido	habré reducido	habría reducido	
tú	habías reducido	redujeras/ redujeses	hayas reducido	hubieras reducido	habrás reducido	habrías reducido	reduce/ no reduzcas
él	había reducido	redujera/ redujese	haya reducido	hubiera reducido	habrá reducido	habría reducido	reduzca/ no reduzca
nosotros	habíamos reducido	redujéramos/ redujésemos	hayamos reducido	hubiéramos reducido	habremos reducido	habríamos reducido	reduzcamos/ no reduzcamos
vosotros	habíais reducido	redujerais/ redujeseis	hayáis reducido	hubierais reducido	habréis reducido	habríais reducido	reducid/ no reduzcáis
ellos	habían reducido	redujeran/ redujesen	hayan reducido	hubieran reducido	habrán reducido	habrían reducido	reduzcan/ no reduzcan

Estamos tratando de reducir nuestro consumo de plástico para ayudar al medio ambiente. (We are trying to reduce our plastic consumption to help the environment.)

referir to refer — referido/refiriendo

	presente	pretérito imperfecto	pretérito indefinido	pretérito perfecto	futuro	condicional presente	subjuntivo presente
yo	refiero	refería	referí	he referido	referiré	referiría	refiera
tú	refieres	referías	referiste	has referido	referirás	referirías	refieras
él	refiere	refería	refirió	ha referido	referirá	referiría	refiera
nosotros	referimos	referíamos	referimos	hemos referido	referiremos	referiríamos	refiramos
vosotros	referís	referíais	referisteis	habéis referido	referiréis	referiríais	refiráis
ellos	refieren	referían	refirieron	han referido	referirán	referirían	refieran

	pretérito pq.perfecto	subj.pret. imperfecto	subj.pret. perfecto	subj.pret. pq.perfecto	futuro perfecto	condicional compuesto	imperativo afirm./neg.
yo	había referido	refiriera/ refiriese	haya referido	hubiera referido	habré referido	habría referido	
tú	habías referido	refirieras/ refirieses	hayas referido	hubieras referido	habrás referido	habrías referido	refiere/ no refieras
él	había referido	refiriera/ refiriese	haya referido	hubiera referido	habrá referido	habría referido	refiera/ no refiera
nosotros	habíamos referido	refiriéramos/ refiriésemos	hayamos referido	hubiéramos referido	habremos referido	habríamos referido	refiramos/ no refiramos
vosotros	habíais referido	refirierais/ refirieseis	hayáis referido	hubierais referido	habréis referido	habríais referido	referid/ no refiráis
ellos	habían referido	refirieran/ refiriesen	hayan referido	hubieran referido	habrán referido	habrían referido	refieran/ no refieran

El médico me referirá a un especialista para una evaluación más detallada. (The doctor will refer me to a specialist for further evaluation.)

regresar to return   regresado/regresando

	presente	pretérito imperfecto	pretérito indefinido	pretérito perfecto	futuro	condicional presente	subjuntivo presente
yo	regreso	regresaba	regresé	he regresado	regresaré	regresaría	regrese
tú	regresas	regresabas	regresaste	has regresado	regresarás	regresarías	regreses
él	regresa	regresaba	regresó	ha regresado	regresará	regresaría	regrese
nosotros	regresamos	regresábamos	regresamos	hemos regresado	regresaremos	regresaríamos	regresemos
vosotros	regresáis	regresabais	regresasteis	habéis regresado	regresaréis	regresaríais	regreséis
ellos	regresan	regresaban	regresaron	han regresado	regresarán	regresarían	regresen

	pretérito pq.perfecto	subj.pret. imperfecto	subj.pret. perfecto	subj.pret. pq.perfecto	futuro perfecto	condicional compuesto	imperativo afirm./neg.
yo	había regresado	regresara/ regresase	haya regresado	hubiera regresado	habré regresado	habría regresado	
tú	habías regresado	regresaras/ regresases	hayas regresado	hubieras regresado	habrás regresado	habrías regresado	regresa/ no regreses
él	había regresado	regresara/ regresase	haya regresado	hubiera regresado	habrá regresado	habría regresado	regrese/ no regrese
nosotros	habíamos regresado	regresáramos/ regresásemos	hayamos regresado	hubiéramos regresado	habremos regresado	habríamos regresado	regresemos/ no regresemos
vosotros	habíais regresado	regresarais/ regresaseis	hayáis regresado	hubierais regresado	habréis regresado	habríais regresado	regresad/ no regreséis
ellos	habían regresado	regresaran/ regresasen	hayan regresado	hubieran regresado	habrán regresado	habrían regresado	regresen/ no regresen

Después de tantos años en el extranjero, regresó a su ciudad natal. (After so many years abroad, he returned to his hometown.)

repetir to repeat   repetido/repitiendo

	presente	pretérito imperfecto	pretérito indefinido	pretérito perfecto	futuro	condicional presente	subjuntivo presente
yo	repito	repetía	repetí	he repetido	repetiré	repetiría	repita
tú	repites	repetías	repetiste	has repetido	repetirás	repetirías	repitas
él	repite	repetía	repitió	ha repetido	repetirá	repetiría	repita
nosotros	repetimos	repetíamos	repetimos	hemos repetido	repetiremos	repetiríamos	repitamos
vosotros	repetís	repetíais	repetisteis	habéis repetido	repetiréis	repetiríais	repitáis
ellos	repiten	repetían	repitieron	han repetido	repetirán	repetirían	repitan

	pretérito pq.perfecto	subj.pret. imperfecto	subj.pret. perfecto	subj.pret. pq.perfecto	futuro perfecto	condicional compuesto	imperativo afirm./neg.
yo	había repetido	repitiera/ repitiese	haya repetido	hubiera repetido	habré repetido	habría repetido	
tú	habías repetido	repitieras/ repitieses	hayas repetido	hubieras repetido	habrás repetido	habrías repetido	repite/ no repitas
él	había repetido	repitiera/ repitiese	haya repetido	hubiera repetido	habrá repetido	habría repetido	repita/ no repita
nosotros	habíamos repetido	repitiéramos/ repitiésemos	hayamos repetido	hubiéramos repetido	habremos repetido	habríamos repetido	repitamos/ no repitamos
vosotros	habíais repetido	repitierais/ repitieseis	hayáis repetido	hubierais repetido	habréis repetido	habríais repetido	repetid/ no repitáis
ellos	habían repetido	repitieran/ repitiesen	hayan repetido	hubieran repetido	habrán repetido	habrían repetido	repitan/ no repitan

Por favor, repite el número de teléfono para asegurarme de haberlo anotado correctamente. (Please repeat the phone number to make sure I got it right.)

representar — to represent — representado/representando

	presente	pretérito imperfecto	pretérito indefinido	pretérito perfecto	futuro	condicional presente	subjuntivo presente
yo	represento	representaba	representé	he representado	representaré	representaría	represente
tú	representas	representabas	representaste	has representado	representarás	representarías	representes
él	representa	representaba	representó	ha representado	representará	representaría	represente
nosotros	representamos	representábamos	representamos	hemos representado	representaremos	representaríamos	representemos
vosotros	representáis	representabais	representasteis	habéis representado	representaréis	representaríais	representéis
ellos	representan	representaban	representaron	han representado	representarán	representarían	representen

	pretérito pq.perfecto	subj.pret. imperfecto	subj.pret. perfecto	subj.pret. pq.perfecto	futuro perfecto	condicional compuesto	imperativo afirm./neg.
yo	había representado	representara/ representase	haya representado	hubiera representado	habré representado	habría representado	
tú	habías representado	representaras/ representases	hayas representado	hubieras representado	habrás representado	habrías representado	representa/ no representes
él	había representado	representara/ representase	haya representado	hubiera representado	habrá representado	habría representado	represente/ no represente
nosotros	habíamos representado	representáramos/ representásemos	hayamos representado	hubiéramos representado	habremos representado	habríamos representado	representemos/ no representemos
vosotros	habíais representado	representarais/ representaseis	hayáis representado	hubierais representado	habréis representado	habríais representado	representad/ no representéis
ellos	habían representado	representaran/ representasen	hayan representado	hubieran representado	habrán representado	habrían representado	representen/ no representen

La pintura representa un paisaje hermoso al atardecer. (The painting depicts a beautiful landscape at sunset.)

requerir — to require — requerido/requiriendo

	presente	pretérito imperfecto	pretérito indefinido	pretérito perfecto	futuro	condicional presente	subjuntivo presente
yo	requiero	requería	requerí	he requerido	requeriré	requeriría	requiera
tú	requieres	requerías	requeriste	has requerido	requerirás	requerirías	requieras
él	requiere	requería	requirió	ha requerido	requerirá	requeriría	requiera
nosotros	requerimos	requeríamos	requerimos	hemos requerido	requeriremos	requeriríamos	requiramos
vosotros	requerís	requeríais	requeristeis	habéis requerido	requeriréis	requeriríais	requiráis
ellos	requieren	requerían	requirieron	han requerido	requerirán	requerirían	requieran

	pretérito pq.perfecto	subj.pret. imperfecto	subj.pret. perfecto	subj.pret. pq.perfecto	futuro perfecto	condicional compuesto	imperativo afirm./neg.
yo	había requerido	requiriera/ requiriese	haya requerido	hubiera requerido	habré requerido	habría requerido	
tú	habías requerido	requirieras/ requirieses	hayas requerido	hubieras requerido	habrás requerido	habrías requerido	requiere/ no requieras
él	había requerido	requiriera/ requiriese	haya requerido	hubiera requerido	habrá requerido	habría requerido	requiera/ no requiera
nosotros	habíamos requerido	requiriéramos/ requiriésemos	hayamos requerido	hubiéramos requerido	habremos requerido	habríamos requerido	requiramos/ no requiramos
vosotros	habíais requerido	requirierais/ requirieseis	hayáis requerido	hubierais requerido	habréis requerido	habríais requerido	requerid/ no requiráis
ellos	habían requerido	requirieran/ requiriesen	hayan requerido	hubieran requerido	habrán requerido	habrían requerido	requieran/ no requieran

Este trabajo requiere habilidades avanzadas de programación. (This job requires advanced programming skills.)

resolver to resolve — resuelto/resolviendo

	presente	pretérito imperfecto	pretérito indefinido	pretérito perfecto	futuro	condicional presente	subjuntivo presente
yo	resuelvo	resolvía	resolví	he resuelto	resolveré	resolvería	resuelva
tú	resuelves	resolvías	resolviste	has resuelto	resolverás	resolverías	resuelvas
él	resuelve	resolvía	resolvió	ha resuelto	resolverá	resolvería	resuelva
nosotros	resolvemos	resolvíamos	resolvimos	hemos resuelto	resolveremos	resolveríamos	resolvamos
vosotros	resolvéis	resolvíais	resolvisteis	habéis resuelto	resolveréis	resolveríais	resolváis
ellos	resuelven	resolvían	resolvieron	han resuelto	resolverán	resolverían	resuelvan

	pretérito pq.perfecto	subj.pret. imperfecto	subj.pret. perfecto	subj.pret. pq.perfecto	futuro perfecto	condicional compuesto	imperativo afirm./neg.
yo	había resuelto	resolviera/ resolviese	haya resuelto	hubiera resuelto	habré resuelto	habría resuelto	
tú	habías resuelto	resolvieras/ resolvieses	hayas resuelto	hubieras resuelto	habrás resuelto	habrías resuelto	resuelve/ no resuelvas
él	había resuelto	resolviera/ resolviese	haya resuelto	hubiera resuelto	habrá resuelto	habría resuelto	resuelva/ no resuelva
nosotros	habíamos resuelto	resolviéramos/ resolviésemos	hayamos resuelto	hubiéramos resuelto	habremos resuelto	habríamos resuelto	resolvamos/ no resolvamos
vosotros	habíais resuelto	resolvierais/ resolvieseis	hayáis resuelto	hubierais resuelto	habréis resuelto	habríais resuelto	resolved/ no resolváis
ellos	habían resuelto	resolvieran/ resolviesen	hayan resuelto	hubieran resuelto	habrán resuelto	habrían resuelto	resuelvan/ no resuelvan

Estoy tratando de resolver este rompecabezas, pero es bastante difícil. (I am trying to solve this puzzle, but it is quite difficult.)

responder to reply — respondido/respondiendo

	presente	pretérito imperfecto	pretérito indefinido	pretérito perfecto	futuro	condicional presente	subjuntivo presente
yo	respondo	respondía	respondí	he respondido	responderé	respondería	responda
tú	respondes	respondías	respondiste	has respondido	responderás	responderías	respondas
él	responde	respondía	respondió	ha respondido	responderá	respondería	responda
nosotros	respondemos	respondíamos	respondimos	hemos respondido	responderemos	responderíamos	respondamos
vosotros	respondéis	respondíais	respondisteis	habéis respondido	responderéis	responderíais	respondáis
ellos	responden	respondían	respondieron	han respondido	responderán	responderían	respondan

	pretérito pq.perfecto	subj.pret. imperfecto	subj.pret. perfecto	subj.pret. pq.perfecto	futuro perfecto	condicional compuesto	imperativo afirm./neg.
yo	había respondido	respondiera/ respondiese	haya respondido	hubiera respondido	habré respondido	habría respondido	
tú	habías respondido	respondieras/ respondieses	hayas respondido	hubieras respondido	habrás respondido	habrías respondido	responde/ no respondas
él	había respondido	respondiera/ respondiese	haya respondido	hubiera respondido	habrá respondido	habría respondido	responda/ no responda
nosotros	habíamos respondido	respondiéramos/ respondiésemos	hayamos respondido	hubiéramos respondido	habremos respondido	habríamos respondido	respondamos/ no respondamos
vosotros	habíais respondido	respondierais/ respondieseis	hayáis respondido	hubierais respondido	habréis respondido	habríais respondido	responded/ no respondáis
ellos	habían respondido	respondieran/ respondiesen	hayan respondido	hubieran respondido	habrán respondido	habrían respondido	respondan/ no respondan

¡Responde a mi pregunta! (Answer my question!)

resultar to turn out to be   resultado/resultando

	presente	pretérito imperfecto	pretérito indefinido	pretérito perfecto	futuro	condicional presente	subjuntivo presente
yo	result	result	result	he resultado	result	result	result
tú	result	result	result	has resultado	result	result	result
él	resulta	resultaba	resultó	ha resultado	resultará	resultaría	resulte
nosotros	result	result	result	hemos resultado	result	result	result
vosotros	result	result	result	habéis resultado	result	result	result
ellos	result	result	result	han resultado	result	result	result

	pretérito pq.perfecto	subj.pret. imperfecto	subj.pret. perfecto	subj.pret. pq.perfecto	futuro perfecto	condicional compuesto	imperativo afirm./neg.
yo	había resultado	result/ result	haya resultado	hubiera resultado	habré resultado	habría resultado	
tú	habías resultado	result/ result	hayas resultado	hubieras resultado	habrás resultado	habrías resultado	result/ no result
él	había resultado	resultara/ resultase	haya resultado	hubiera resultado	habrá resultado	habría resultado	resulte/ no resulte
nosotros	habíamos resultado	result/ result	hayamos resultado	hubiéramos resultado	habremos resultado	habríamos resultado	result/ no result
vosotros	habíais resultado	result/ result	hayáis resultado	hubierais resultado	habréis resultado	habríais resultado	result/ no result
ellos	habían resultado	result/ result	hayan resultado	hubieran resultado	habrán resultado	habrían resultado	result/ no result

El experimento resultó en un descubrimiento científico significativo. (The experiment resulted in a significant scientific discovery.)

reunir to gather/to meet   reunido/reuniendo

	presente	pretérito imperfecto	pretérito indefinido	pretérito perfecto	futuro	condicional presente	subjuntivo presente
yo	reúno	reunía	reuní	he reunido	reuniré	reuniría	reúna
tú	reúnes	reunías	reuniste	has reunido	reunirás	reunirías	reúnas
él	reúne	reunía	reunió	ha reunido	reunirá	reuniría	reúna
nosotros	reunimos	reuníamos	reunimos	hemos reunido	reuniremos	reuniríamos	reunamos
vosotros	reunís	reuníais	reunisteis	habéis reunido	reuniréis	reuniríais	reunáis
ellos	reúnen	reunían	reunieron	han reunido	reunirán	reunirían	reúnan

	pretérito pq.perfecto	subj.pret. imperfecto	subj.pret. perfecto	subj.pret. pq.perfecto	futuro perfecto	condicional compuesto	imperativo afirm./neg.
yo	había reunido	reuniera/ reuniese	haya reunido	hubiera reunido	habré reunido	habría reunido	
tú	habías reunido	reunieras/ reunieses	hayas reunido	hubieras reunido	habrás reunido	habrías reunido	reúne/ no reúnas
él	había reunido	reuniera/ reuniese	haya reunido	hubiera reunido	habrá reunido	habría reunido	reúna/ no reúna
nosotros	habíamos reunido	reuniéramos/ reuniésemos	hayamos reunido	hubiéramos reunido	habremos reunido	habríamos reunido	reunamos/ no reunamos
vosotros	habíais reunido	reunierais/ reunieseis	hayáis reunido	hubierais reunido	habréis reunido	habríais reunido	reunid/ no reunáis
ellos	habían reunido	reunieran/ reuniesen	hayan reunido	hubieran reunido	habrán reunido	habrían reunido	reúnan/ no reúnan

Vamos a reunirnos en el parque para celebrar el cumpleaños de Juan. (Let's get together in the park to celebrate Juan's birthday.)

romper to break — roto/rompiendo

	presente	pretérito imperfecto	pretérito indefinido	pretérito perfecto	futuro	condicional presente	subjuntivo presente
yo	rompo	rompía	rompí	he roto	romperé	rompería	rompa
tú	rompes	rompías	rompiste	has roto	romperás	romperías	rompas
él	rompe	rompía	rompió	ha roto	romperá	rompería	rompa
nosotros	rompemos	rompíamos	rompimos	hemos roto	romperemos	romperíamos	rompamos
vosotros	rompéis	rompíais	rompisteis	habéis roto	romperéis	romperíais	rompáis
ellos	rompen	rompían	rompieron	han roto	romperán	romperían	rompan
	pretérito pq.perfecto	subj.pret. imperfecto	subj.pret. perfecto	subj.pret. pq.perfecto	futuro perfecto	condicional compuesto	imperativo afirm./neg.
yo	había roto	rompiera/ rompiese	haya roto	hubiera roto	habré roto	habría roto	
tú	habías roto	rompieras/ rompieses	hayas roto	hubieras roto	habrás roto	habrías roto	rompe/ no rompas
él	había roto	rompiera/ rompiese	haya roto	hubiera roto	habrá roto	habría roto	rompa/ no rompa
nosotros	habíamos roto	rompiéramos/ rompiésemos	hayamos roto	hubiéramos roto	habremos roto	habríamos roto	rompamos/ no rompamos
vosotros	habíais roto	rompierais/ rompieseis	hayáis roto	hubierais roto	habréis roto	habríais roto	romped/ no rompáis
ellos	habían roto	rompieran/ rompiesen	hayan roto	hubieran roto	habrán roto	habrían roto	rompan/ no rompan

Mi hermano rompió un vaso mientras lavaba los platos. (My brother broke a glass while washing the dishes.)

saber to know — sabido/sabiendo

	presente	pretérito imperfecto	pretérito indefinido	pretérito perfecto	futuro	condicional presente	subjuntivo presente
yo	sé	sabía	supe	he sabido	sabré	sabría	sepa
tú	sabes	sabías	supiste	has sabido	sabrás	sabrías	sepas
él	sabe	sabía	supo	ha sabido	sabrá	sabría	sepa
nosotros	sabemos	sabíamos	supimos	hemos sabido	sabremos	sabríamos	sepamos
vosotros	sabéis	sabíais	supisteis	habéis sabido	sabréis	sabríais	sepáis
ellos	saben	sabían	supieron	han sabido	sabrán	sabrían	sepan
	pretérito pq.perfecto	subj.pret. imperfecto	subj.pret. perfecto	subj.pret. pq.perfecto	futuro perfecto	condicional compuesto	imperativo afirm./neg.
yo	había sabido	supiera/ supiese	haya sabido	hubiera sabido	habré sabido	habría sabido	
tú	habías sabido	supieras/ supieses	hayas sabido	hubieras sabido	habrás sabido	habrías sabido	sabe/ no sepas
él	había sabido	supiera/ supiese	haya sabido	hubiera sabido	habrá sabido	habría sabido	sepa/ no sepa
nosotros	habíamos sabido	supiéramos/ supiésemos	hayamos sabido	hubiéramos sabido	habremos sabido	habríamos sabido	sepamos/ no sepamos
vosotros	habíais sabido	supierais/ supieseis	hayáis sabido	hubierais sabido	habréis sabido	habríais sabido	sabed/ no sepáis
ellos	habían sabido	supieran/ supiesen	hayan sabido	hubieran sabido	habrán sabido	habrían sabido	sepan/ no sepan

Sé cómo cocinar una deliciosa pasta casera. (I know how to cook delicious homemade pasta.)

sacar to take out   sacado/sacando

	presente	pretérito imperfecto	pretérito indefinido	pretérito perfecto	futuro	condicional presente	subjuntivo presente
yo	saco	sacaba	saqué	he sacado	sacaré	sacaría	saque
tú	sacas	sacabas	sacaste	has sacado	sacarás	sacarías	saques
él	saca	sacaba	sacó	ha sacado	sacará	sacaría	saque
nosotros	sacamos	sacábamos	sacamos	hemos sacado	sacaremos	sacaríamos	saquemos
vosotros	sacáis	sacabais	sacasteis	habéis sacado	sacaréis	sacaríais	saquéis
ellos	sacan	sacaban	sacaron	han sacado	sacarán	sacarían	saquen
	pretérito pq.perfecto	subj.pret. imperfecto	subj.pret. perfecto	subj.pret. pq.perfecto	futuro perfecto	condicional compuesto	imperativo afirm./neg.
yo	había sacado	sacara/ sacase	haya sacado	hubiera sacado	habré sacado	habría sacado	
tú	habías sacado	sacaras/ sacases	hayas sacado	hubieras sacado	habrás sacado	habrías sacado	saca/ no saques
él	había sacado	sacara/ sacase	haya sacado	hubiera sacado	habrá sacado	habría sacado	saque/ no saque
nosotros	habíamos sacado	sacáramos/ sacásemos	hayamos sacado	hubiéramos sacado	habremos sacado	habríamos sacado	saquemos/ no saquemos
vosotros	habíais sacado	sacarais/ sacaseis	hayáis sacado	hubierais sacado	habréis sacado	habríais sacado	sacad/ no saquéis
ellos	habían sacado	sacaran/ sacasen	hayan sacado	hubieran sacado	habrán sacado	habrían sacado	saquen/ no saquen

Sacó un libro de su mochila y comenzó a leer. (He pulled a book from his backpack and began to read.)

salir to go out   salido/saliendo

	presente	pretérito imperfecto	pretérito indefinido	pretérito perfecto	futuro	condicional presente	subjuntivo presente
yo	salgo	salía	salí	he salido	saldré	saldría	salga
tú	sales	salías	saliste	has salido	saldrás	saldrías	salgas
él	sale	salía	salió	ha salido	saldrá	saldría	salga
nosotros	salimos	salíamos	salimos	hemos salido	saldremos	saldríamos	salgamos
vosotros	salís	salíais	salisteis	habéis salido	saldréis	saldríais	salgáis
ellos	salen	salían	salieron	han salido	saldrán	saldrían	salgan
	pretérito pq.perfecto	subj.pret. imperfecto	subj.pret. perfecto	subj.pret. pq.perfecto	futuro perfecto	condicional compuesto	imperativo afirm./neg.
yo	había salido	saliera/ saliese	haya salido	hubiera salido	habré salido	habría salido	
tú	habías salido	salieras/ salieses	hayas salido	hubieras salido	habrás salido	habrías salido	sal/ no salgas
él	había salido	saliera/ saliese	haya salido	hubiera salido	habrá salido	habría salido	salga/ no salga
nosotros	habíamos salido	saliéramos/ saliésemos	hayamos salido	hubiéramos salido	habremos salido	habríamos salido	salgamos/ no salgamos
vosotros	habíais salido	salierais/ salieseis	hayáis salido	hubierais salido	habréis salido	habríais salido	salid/ no salgáis
ellos	habían salido	salieran/ saliesen	hayan salido	hubieran salido	habrán salido	habrían salido	salgan/ no salgan

Vamos a salir a cenar esta noche, ¿tienes alguna preferencia? (We're going out to dinner tonight, do you have a preference?)

seguir to follow · seguido/siguiendo

	presente	pretérito imperfecto	pretérito indefinido	pretérito perfecto	futuro	condicional presente	subjuntivo presente
yo	sigo	seguía	seguí	he seguido	seguiré	seguiría	siga
tú	sigues	seguías	seguiste	has seguido	seguirás	seguirías	sigas
él	sigue	seguía	siguió	ha seguido	seguirá	seguiría	siga
nosotros	seguimos	seguíamos	seguimos	hemos seguido	seguiremos	seguiríamos	sigamos
vosotros	seguís	seguíais	seguisteis	habéis seguido	seguiréis	seguiríais	sigáis
ellos	siguen	seguían	siguieron	han seguido	seguirán	seguirían	sigan

	pretérito pq.perfecto	subj.pret. imperfecto	subj.pret. perfecto	subj.pret. pq.perfecto	futuro perfecto	condicional compuesto	imperativo afirm./neg.
yo	había seguido	siguiera/ siguiese	haya seguido	hubiera seguido	habré seguido	habría seguido	
tú	habías seguido	siguieras/ siguieses	hayas seguido	hubieras seguido	habrás seguido	habrías seguido	sigue/ no sigas
él	había seguido	siguiera/ siguiese	haya seguido	hubiera seguido	habrá seguido	habría seguido	siga/ no siga
nosotros	habíamos seguido	siguiéramos/ siguiésemos	hayamos seguido	hubiéramos seguido	habremos seguido	habríamos seguido	sigamos/ no sigamos
vosotros	habíais seguido	siguierais/ siguieseis	hayáis seguido	hubierais seguido	habréis seguido	habríais seguido	seguid/ no sigáis
ellos	habían seguido	siguieran/ siguiesen	hayan seguido	hubieran seguido	habrán seguido	habrían seguido	sigan/ no sigan

Sigue adelante y no te rindas, estás haciendo un gran trabajo. (Keep going and don't give up, you're doing a great job.)

señalar to point · señalado/señalando

	presente	pretérito imperfecto	pretérito indefinido	pretérito perfecto	futuro	condicional presente	subjuntivo presente
yo	señalo	señalaba	señalé	he señalado	señalaré	señalaría	señale
tú	señalas	señalabas	señalaste	has señalado	señalarás	señalarías	señales
él	señala	señalaba	señaló	ha señalado	señalará	señalaría	señale
nosotros	señalamos	señalábamos	señalamos	hemos señalado	señalaremos	señalaríamos	señalemos
vosotros	señaláis	señalabais	señalasteis	habéis señalado	señalaréis	señalaríais	señaléis
ellos	señalan	señalaban	señalaron	han señalado	señalarán	señalarían	señalen

	pretérito pq.perfecto	subj.pret. imperfecto	subj.pret. perfecto	subj.pret. pq.perfecto	futuro perfecto	condicional compuesto	imperativo afirm./neg.
yo	había señalado	señalara/ señalase	haya señalado	hubiera señalado	habré señalado	habría señalado	
tú	habías señalado	señalaras/ señalases	hayas señalado	hubieras señalado	habrás señalado	habrías señalado	señala/ no señales
él	había señalado	señalara/ señalase	haya señalado	hubiera señalado	habrá señalado	habría señalado	señale/ no señale
nosotros	habíamos señalado	señaláramos/ señalásemos	hayamos señalado	hubiéramos señalado	habremos señalado	habríamos señalado	señalemos/ no señalemos
vosotros	habíais señalado	señalarais/ señalaseis	hayáis señalado	hubierais señalado	habréis señalado	habríais señalado	señalad/ no señaléis
ellos	habían señalado	señalaran/ señalasen	hayan señalado	hubieran señalado	habrán señalado	habrían señalado	señalen/ no señalen

El profesor señaló un error en mi ensayo y me pidió que lo corrigiera. (The teacher pointed out an error in my essay and asked me to correct it.)

sentar to sit — sentado/sentando

	presente	pretérito imperfecto	pretérito indefinido	pretérito perfecto	futuro	condicional presente	subjuntivo presente
yo	siento	sentaba	senté	he sentado	sentaré	sentaría	siente
tú	sientas	sentabas	sentaste	has sentado	sentarás	sentarías	sientes
él	sienta	sentaba	sentó	ha sentado	sentará	sentaría	siente
nosotros	sentamos	sentábamos	sentamos	hemos sentado	sentaremos	sentaríamos	sentemos
vosotros	sentáis	sentabais	sentasteis	habéis sentado	sentaréis	sentaríais	sentéis
ellos	sientan	sentaban	sentaron	han sentado	sentarán	sentarían	sienten

	pretérito pq.perfecto	subj.pret. imperfecto	subj.pret. perfecto	subj.pret. pq.perfecto	futuro perfecto	condicional compuesto	imperativo afirm./neg.
yo	había sentado	sentara/ sentase	haya sentado	hubiera sentado	habré sentado	habría sentado	
tú	habías sentado	sentaras/ sentases	hayas sentado	hubieras sentado	habrás sentado	habrías sentado	sienta/ no sientes
él	había sentado	sentara/ sentase	haya sentado	hubiera sentado	habrá sentado	habría sentado	siente/ no siente
nosotros	habíamos sentado	sentáramos/ sentásemos	hayamos sentado	hubiéramos sentado	habremos sentado	habríamos sentado	sentemos/ no sentemos
vosotros	habíais sentado	sentarais/ sentaseis	hayáis sentado	hubierais sentado	habréis sentado	habríais sentado	sentad/ no sentéis
ellos	habían sentado	sentaran/ sentasen	hayan sentado	hubieran sentado	habrán sentado	habrían sentado	sienten/ no sienten

Por favor, siéntate y hazte cómodo. (Please sit down and make yourself comfortable.)

sentir to feel — sentido/sintiendo

	presente	pretérito imperfecto	pretérito indefinido	pretérito perfecto	futuro	condicional presente	subjuntivo presente
yo	siento	sentía	sentí	he sentido	sentiré	sentiría	sienta
tú	sientes	sentías	sentiste	has sentido	sentirás	sentirías	sientas
él	siente	sentía	sintió	ha sentido	sentirá	sentiría	sienta
nosotros	sentimos	sentíamos	sentimos	hemos sentido	sentiremos	sentiríamos	sintamos
vosotros	sentís	sentíais	sentisteis	habéis sentido	sentiréis	sentiríais	sintáis
ellos	sienten	sentían	sintieron	han sentido	sentirán	sentirían	sientan

	pretérito pq.perfecto	subj.pret. imperfecto	subj.pret. perfecto	subj.pret. pq.perfecto	futuro perfecto	condicional compuesto	imperativo afirm./neg.
yo	había sentido	sintiera/ sintiese	haya sentido	hubiera sentido	habré sentido	habría sentido	
tú	habías sentido	sintieras/ sintieses	hayas sentido	hubieras sentido	habrás sentido	habrías sentido	siente/ no sientas
él	había sentido	sintiera/ sintiese	haya sentido	hubiera sentido	habrá sentido	habría sentido	sienta/ no sienta
nosotros	habíamos sentido	sintiéramos/ sintiésemos	hayamos sentido	hubiéramos sentido	habremos sentido	habríamos sentido	sintamos/ no sintamos
vosotros	habíais sentido	sintierais/ sintieseis	hayáis sentido	hubierais sentido	habréis sentido	habríais sentido	sentid/ no sintáis
ellos	habían sentido	sintieran/ sintiesen	hayan sentido	hubieran sentido	habrán sentido	habrían sentido	sientan/ no sientan

Me siento triste por la pérdida de mi mascota. (I feel sad about the loss of my pet.)

ser — to be   sido/siendo

	presente	pretérito imperfecto	pretérito indefinido	pretérito perfecto	futuro	condicional presente	subjuntivo presente
yo	soy	era	fui	he sido	seré	sería	sea
tú	eres	eras	fuiste	has sido	serás	serías	seas
él	es	era	fue	ha sido	será	sería	sea
nosotros	somos	éramos	fuimos	hemos sido	seremos	seríamos	seamos
vosotros	sois	erais	fuisteis	habéis sido	seréis	seríais	seáis
ellos	son	eran	fueron	han sido	serán	serían	sean

	pretérito pq.perfecto	subj.pret. imperfecto	subj.pret. perfecto	subj.pret. pq.perfecto	futuro perfecto	condicional compuesto	imperativo afirm./neg.
yo	había sido	fuera/ fuese	haya sido	hubiera sido	habré sido	habría sido	
tú	habías sido	fueras/ fueses	hayas sido	hubieras sido	habrás sido	habrías sido	sé/ no seas
él	había sido	fuera/ fuese	haya sido	hubiera sido	habrá sido	habría sido	sea/ no sea
nosotros	habíamos sido	fuéramos/ fuésemos	hayamos sido	hubiéramos sido	habremos sido	habríamos sido	seamos/ no seamos
vosotros	habíais sido	fuerais/ fueseis	hayáis sido	hubierais sido	habréis sido	habríais sido	sed/ no seáis
ellos	habían sido	fueran/ fuesen	hayan sido	hubieran sido	habrán sido	habrían sido	sean/ no sean

Soy de España. (I am from Spain.)

servir — to serve   servido/sirviendo

	presente	pretérito imperfecto	pretérito indefinido	pretérito perfecto	futuro	condicional presente	subjuntivo presente
yo	sirvo	servía	serví	he servido	serviré	serviría	sirva
tú	sirves	servías	serviste	has servido	servirás	servirías	sirvas
él	sirve	servía	sirvió	ha servido	servirá	serviría	sirva
nosotros	servimos	servíamos	servimos	hemos servido	serviremos	serviríamos	sirvamos
vosotros	servís	servíais	servisteis	habéis servido	serviréis	serviríais	sirváis
ellos	sirven	servían	sirvieron	han servido	servirán	servirían	sirvan

	pretérito pq.perfecto	subj.pret. imperfecto	subj.pret. perfecto	subj.pret. pq.perfecto	futuro perfecto	condicional compuesto	imperativo afirm./neg.
yo	había servido	sirviera/ sirviese	haya servido	hubiera servido	habré servido	habría servido	
tú	habías servido	sirvieras/ sirvieses	hayas servido	hubieras servido	habrás servido	habrías servido	sirve/ no sirvas
él	había servido	sirviera/ sirviese	haya servido	hubiera servido	habrá servido	habría servido	sirva/ no sirva
nosotros	habíamos servido	sirviéramos/ sirviésemos	hayamos servido	hubiéramos servido	habremos servido	habríamos servido	sirvamos/ no sirvamos
vosotros	habíais servido	sirvierais/ sirvieseis	hayáis servido	hubierais servido	habréis servido	habríais servido	servid/ no sirváis
ellos	habían servido	sirvieran/ sirviesen	hayan servido	hubieran servido	habrán servido	habrían servido	sirvan/ no sirvan

El camarero nos sirvió los platos. (The waiter served us our plates.)

significar to mean — significado/significando

	presente	pretérito imperfecto	pretérito indefinido	pretérito perfecto	futuro	condicional presente	subjuntivo presente
yo	significo	significaba	signifiqué	he significado	significaré	significaría	signifique
tú	significas	significabas	significaste	has significado	significarás	significarías	signifiques
él	significa	significaba	significó	ha significado	significará	significaría	signifique
nosotros	significamos	significábamos	significamos	hemos significado	significaremos	significaríamos	signifiquemos
vosotros	significáis	significabais	significasteis	habéis significado	significaréis	significaríais	signifiquéis
ellos	significan	significaban	significaron	han significado	significarán	significarían	signifiquen
	pretérito pq.perfecto	subj.pret. imperfecto	subj.pret. perfecto	subj.pret. pq.perfecto	futuro perfecto	condicional compuesto	imperativo afirm./neg.
yo	había significado	significara/ significase	haya significado	hubiera significado	habré significado	habría significado	
tú	habías significado	significaras/ significases	hayas significado	hubieras significado	habrás significado	habrías significado	significa/ no signifiques
él	había significado	significara/ significase	haya significado	hubiera significado	habrá significado	habría significado	signifique/ no signifique
nosotros	habíamos significado	significáramos/ significásemos	hayamos significado	hubiéramos significado	habremos significado	habríamos significado	signifiquemos/ no signifiquemos
vosotros	habíais significado	significarais/ significaseis	hayáis significado	hubierais significado	habréis significado	habríais significado	significad/ no signifiquéis
ellos	habían significado	significaran/ significasen	hayan significado	hubieran significado	habrán significado	habrían significado	signifiquen/ no signifiquen

El símbolo verde en el semáforo significa "avance". (The green symbol on the traffic light means "advance.")

soler to usually do — solido/soliendo

	presente	pretérito imperfecto	pretérito indefinido	pretérito perfecto	futuro	condicional presente	subjuntivo presente
yo	suelo	solía	solí	he solido	soleré	solería	suela
tú	sueles	solías	soliste	has solido	solerás	solerías	suelas
él	suele	solía	solió	ha solido	solerá	solería	suela
nosotros	solemos	solíamos	solimos	hemos solido	soleremos	soleríamos	solamos
vosotros	soléis	solíais	solisteis	habéis solido	soleréis	soleríais	soláis
ellos	suelen	solían	solieron	han solido	solerán	solerían	suelan
	pretérito pq.perfecto	subj.pret. imperfecto	subj.pret. perfecto	subj.pret. pq.perfecto	futuro perfecto	condicional compuesto	imperativo afirm./neg.
yo	había solido	soliera/ soliese	haya solido	hubiera solido	habré solido	habría solido	
tú	habías solido	solieras/ solieses	hayas solido	hubieras solido	habrás solido	habrías solido	suele/ no suelas
él	había solido	soliera/ soliese	haya solido	hubiera solido	habrá solido	habría solido	suela/ no suela
nosotros	habíamos solido	soliéramos/ soliésemos	hayamos solido	hubiéramos solido	habremos solido	habríamos solido	solamos/ no solamos
vosotros	habíais solido	solierais/ solieseis	hayáis solido	hubierais solido	habréis solido	habríais solido	soled/ no soláis
ellos	habían solido	solieran/ soliesen	hayan solido	hubieran solido	habrán solido	habrían solido	suelan/ no suelan

Solía ir al gimnasio todos los días, pero ahora no voy. (I used to go to the gym every day, but now I don't go.)

sostener — to hold/to support — sostenido/sosteniendo

	presente	pretérito imperfecto	pretérito indefinido	pretérito perfecto	futuro	condicional presente	subjuntivo presente
yo	sostengo	sostenía	sostuve	he sostenido	sostendré	sostendría	sostenga
tú	sostienes	sostenías	sostuviste	has sostenido	sostendrás	sostendrías	sostengas
él	sostiene	sostenía	sostuvo	ha sostenido	sostendrá	sostendría	sostenga
nosotros	sostenemos	sosteníamos	sostuvimos	hemos sostenido	sostendremos	sostendríamos	sostengamos
vosotros	sostenéis	sosteníais	sostuvisteis	habéis sostenido	sostendréis	sostendríais	sostengáis
ellos	sostienen	sostenían	sostuvieron	han sostenido	sostendrán	sostendrían	sostengan

	pretérito pq.perfecto	subj.pret. imperfecto	subj.pret. perfecto	subj.pret. pq.perfecto	futuro perfecto	condicional compuesto	imperativo afirm./neg.
yo	había sostenido	sostuviera/ sostuviese	haya sostenido	hubiera sostenido	habré sostenido	habría sostenido	
tú	habías sostenido	sostuvieras/ sostuvieses	hayas sostenido	hubieras sostenido	habrás sostenido	habrías sostenido	sosten/ no sostengas
él	había sostenido	sostuviera/ sostuviese	haya sostenido	hubiera sostenido	habrá sostenido	habría sostenido	sostenga/ no sostenga
nosotros	habíamos sostenido	sostuviéramos/ sostuviésemos	hayamos sostenido	hubiéramos sostenido	habremos sostenido	habríamos sostenido	sostengamos/ no sostengamos
vosotros	habíais sostenido	sostuvierais/ sostuvieseis	hayáis sostenido	hubierais sostenido	habréis sostenido	habríais sostenido	sostened/ no sostengáis
ellos	habían sostenido	sostuvieran/ sostuviesen	hayan sostenido	hubieran sostenido	habrán sostenido	habrían sostenido	sostengan/ no sostengan

Sostén la puerta abierta para que pueda pasar. (Hold the door open so he can pass through.)

subir — to upload/to increase — subido/subiendo

	presente	pretérito imperfecto	pretérito indefinido	pretérito perfecto	futuro	condicional presente	subjuntivo presente
yo	subo	subía	subí	he subido	subiré	subiría	suba
tú	subes	subías	subiste	has subido	subirás	subirías	subas
él	sube	subía	subió	ha subido	subirá	subiría	suba
nosotros	subimos	subíamos	subimos	hemos subido	subiremos	subiríamos	subamos
vosotros	subís	subíais	subisteis	habéis subido	subiréis	subiríais	subáis
ellos	suben	subían	subieron	han subido	subirán	subirían	suban

	pretérito pq.perfecto	subj.pret. imperfecto	subj.pret. perfecto	subj.pret. pq.perfecto	futuro perfecto	condicional compuesto	imperativo afirm./neg.
yo	había subido	subiera/ subiese	haya subido	hubiera subido	habré subido	habría subido	
tú	habías subido	subieras/ subieses	hayas subido	hubieras subido	habrás subido	habrías subido	sube/ no subas
él	había subido	subiera/ subiese	haya subido	hubiera subido	habrá subido	habría subido	suba/ no suba
nosotros	habíamos subido	subiéramos/ subiésemos	hayamos subido	hubiéramos subido	habremos subido	habríamos subido	subamos/ no subamos
vosotros	habíais subido	subierais/ subieseis	hayáis subido	hubierais subido	habréis subido	habríais subido	subid/ no subáis
ellos	habían subido	subieran/ subiesen	hayan subido	hubieran subido	habrán subido	habrían subido	suban/ no suban

Vamos a subir las escaleras- (We're going up the stairs.)

suceder — to succeed/to happen — sucedido/sucediendo

	presente	pretérito imperfecto	pretérito indefinido	pretérito perfecto	futuro	condicional presente	subjuntivo presente
yo	suced	suced	suced	he sucedido	suced	suced	suced
tú	suced	suced	suced	has sucedido	suced	suced	suced
él	sucede	sucedía	sucedió	ha sucedido	sucederá	sucedería	suceda
nosotros	suced	suced	suced	hemos sucedido	suced	suced	suced
vosotros	suced	suced	suced	habéis sucedido	suced	suced	suced
ellos	suced	suced	suced	han sucedido	suced	suced	suced

	pretérito pq.perfecto	subj.pret. imperfecto	subj.pret. perfecto	subj.pret. pq.perfecto	futuro perfecto	condicional compuesto	imperativo afirm./neg.
yo	había sucedido	suced/ suced	haya sucedido	hubiera sucedido	habré sucedido	habría sucedido	
tú	habías sucedido	suced/ suced	hayas sucedido	hubieras sucedido	habrás sucedido	habrías sucedido	suced/ no suced
él	había sucedido	sucediera/ sucediese	haya sucedido	hubiera sucedido	habrá sucedido	habría sucedido	suceda/ no suceda
nosotros	habíamos sucedido	suced/ suced	hayamos sucedido	hubiéramos sucedido	habremos sucedido	habríamos sucedido	suced/ no suced
vosotros	habíais sucedido	suced/ suced	hayáis sucedido	hubierais sucedido	habréis sucedido	habríais sucedido	suced/ no suced
ellos	habían sucedido	suced/ suced	hayan sucedido	hubieran sucedido	habrán sucedido	habrían sucedido	suced/ no suced

No sé qué sucedió exactamente, no estaba allí en ese momento. (I don't know what exactly happened, I wasn't there at the time.)

sufrir — to suffer — sufrido/sufriendo

	presente	pretérito imperfecto	pretérito indefinido	pretérito perfecto	futuro	condicional presente	subjuntivo presente
yo	sufro	sufría	sufrí	he sufrido	sufriré	sufriría	sufra
tú	sufres	sufrías	sufriste	has sufrido	sufrirás	sufrirías	sufras
él	sufre	sufría	sufrió	ha sufrido	sufrirá	sufriría	sufra
nosotros	sufrimos	sufríamos	sufrimos	hemos sufrido	sufriremos	sufriríamos	suframos
vosotros	sufrís	sufríais	sufristeis	habéis sufrido	sufriréis	sufriríais	sufráis
ellos	sufren	sufrían	sufrieron	han sufrido	sufrirán	sufrirían	sufran

	pretérito pq.perfecto	subj.pret. imperfecto	subj.pret. perfecto	subj.pret. pq.perfecto	futuro perfecto	condicional compuesto	imperativo afirm./neg.
yo	había sufrido	sufriera/ sufriese	haya sufrido	hubiera sufrido	habré sufrido	habría sufrido	
tú	habías sufrido	sufrieras/ sufrieses	hayas sufrido	hubieras sufrido	habrás sufrido	habrías sufrido	sufre/ no sufras
él	había sufrido	sufriera/ sufriese	haya sufrido	hubiera sufrido	habrá sufrido	habría sufrido	sufra/ no sufra
nosotros	habíamos sufrido	sufriéramos/ sufriésemos	hayamos sufrido	hubiéramos sufrido	habremos sufrido	habríamos sufrido	suframos/ no suframos
vosotros	habíais sufrido	sufrierais/ sufrieseis	hayáis sufrido	hubierais sufrido	habréis sufrido	habríais sufrido	sufrid/ no sufráis
ellos	habían sufrido	sufrieran/ sufriesen	hayan sufrido	hubieran sufrido	habrán sufrido	habrían sufrido	sufran/ no sufran

Sufre de falta de sueño. (He suffers from lack of sleep.)

superar · to overcome · superado/superando

	presente	pretérito imperfecto	pretérito indefinido	pretérito perfecto	futuro	condicional presente	subjuntivo presente
yo	supero	superaba	superé	he superado	superaré	superaría	supere
tú	superas	superabas	superaste	has superado	superarás	superarías	superes
él	supera	superaba	superó	ha superado	superará	superaría	supere
nosotros	superamos	superábamos	superamos	hemos superado	superaremos	superaríamos	superemos
vosotros	superáis	superabais	superasteis	habéis superado	superaréis	superaríais	superéis
ellos	superan	superaban	superaron	han superado	superarán	superarían	superen

	pretérito pq.perfecto	subj.pret. imperfecto	subj.pret. perfecto	subj.pret. pq.perfecto	futuro perfecto	condicional compuesto	imperativo afirm./neg.
yo	había superado	superara/ superase	haya superado	hubiera superado	habré superado	habría superado	
tú	habías superado	superaras/ superases	hayas superado	hubieras superado	habrás superado	habrías superado	supera/ no superes
él	había superado	superara/ superase	haya superado	hubiera superado	habrá superado	habría superado	supere/ no supere
nosotros	habíamos superado	superáramos/ superásemos	hayamos superado	hubiéramos superado	habremos superado	habríamos superado	superemos/ no superemos
vosotros	habíais superado	superarais/ superaseis	hayáis superado	hubierais superado	habréis superado	habríais superado	superad/ no superéis
ellos	habían superado	superaran/ superasen	hayan superado	hubieran superado	habrán superado	habrían superado	superen/ no superen

A pesar de los obstáculos, logró superar todas las dificultades. (Despite the obstacles, he managed to overcome all the difficulties.)

suponer · to assume · supuesto/suponiendo

	presente	pretérito imperfecto	pretérito indefinido	pretérito perfecto	futuro	condicional presente	subjuntivo presente
yo	supongo	suponía	supuse	he supuesto	supondré	supondría	suponga
tú	supones	suponías	supusiste	has supuesto	supondrás	supondrías	supongas
él	supone	suponía	supuso	ha supuesto	supondrá	supondría	suponga
nosotros	suponemos	suponíamos	supusimos	hemos supuesto	supondremos	supondríamos	supongamos
vosotros	suponéis	suponíais	supusisteis	habéis supuesto	supondréis	supondríais	supongáis
ellos	suponen	suponían	supusieron	han supuesto	supondrán	supondrían	supongan

	pretérito pq.perfecto	subj.pret. imperfecto	subj.pret. perfecto	subj.pret. pq.perfecto	futuro perfecto	condicional compuesto	imperativo afirm./neg.
yo	había supuesto	supusiera/ supusiese	haya supuesto	hubiera supuesto	habré supuesto	habría supuesto	
tú	habías supuesto	supusieras/ supusieses	hayas supuesto	hubieras supuesto	habrás supuesto	habrías supuesto	supón/ no supongas
él	había supuesto	supusiera/ supusiese	haya supuesto	hubiera supuesto	habrá supuesto	habría supuesto	suponga/ no suponga
nosotros	habíamos supuesto	supusiéramos/ supusiésemos	hayamos supuesto	hubiéramos supuesto	habremos supuesto	habríamos supuesto	supongamos/ no supongamos
vosotros	habíais supuesto	supusierais/ supusieseis	hayáis supuesto	hubierais supuesto	habréis supuesto	habríais supuesto	suponed/ no supongáis
ellos	habían supuesto	supusieran/ supusiesen	hayan supuesto	hubieran supuesto	habrán supuesto	habrían supuesto	supongan/ no supongan

No supongas que entiendo lo que estás diciendo, necesito más explicación. (Don't assume I understand what you are saying, I need more explanation.)

surgir to arise — surgido/surgiendo

	presente	pretérito imperfecto	pretérito indefinido	pretérito perfecto	futuro	condicional presente	subjuntivo presente
yo	surjo	surgía	surgí	he surgido	surgiré	surgiría	surja
tú	surges	surgías	surgiste	has surgido	surgirás	surgirías	surjas
él	surge	surgía	surgió	ha surgido	surgirá	surgiría	surja
nosotros	surgimos	surgíamos	surgimos	hemos surgido	surgiremos	surgiríamos	surjamos
vosotros	surgís	surgíais	surgisteis	habéis surgido	surgiréis	surgiríais	surjáis
ellos	surgen	surgían	surgieron	han surgido	surgirán	surgirían	surjan
	pretérito pq.perfecto	subj.pret. imperfecto	subj.pret. perfecto	subj.pret. pq.perfecto	futuro perfecto	condicional compuesto	imperativo afirm./neg.
yo	había surgido	surgiera/ surgiese	haya surgido	hubiera surgido	habré surgido	habría surgido	
tú	habías surgido	surgieras/ surgieses	hayas surgido	hubieras surgido	habrás surgido	habrías surgido	surge/ no surjas
él	había surgido	surgiera/ surgiese	haya surgido	hubiera surgido	habrá surgido	habría surgido	surja/ no surja
nosotros	habíamos surgido	surgiéramos/ surgiésemos	hayamos surgido	hubiéramos surgido	habremos surgido	habríamos surgido	surjamos/ no surjamos
vosotros	habíais surgido	surgierais/ surgieseis	hayáis surgido	hubierais surgido	habréis surgido	habríais surgido	surgid/ no surjáis
ellos	habían surgido	surgieran/ surgiesen	hayan surgido	hubieran surgido	habrán surgido	habrían surgido	surjan/ no surjan

Surgió un problema inesperado durante el proceso de producción. (An unexpected problem arose during the production process.)

tener to have — tenido/teniendo

	presente	pretérito imperfecto	pretérito indefinido	pretérito perfecto	futuro	condicional presente	subjuntivo presente
yo	tengo	tenía	tuve	he tenido	tendré	tendría	tenga
tú	tienes	tenías	tuviste	has tenido	tendrás	tendrías	tengas
él	tiene	tenía	tuvo	ha tenido	tendrá	tendría	tenga
nosotros	tenemos	teníamos	tuvimos	hemos tenido	tendremos	tendríamos	tengamos
vosotros	tenéis	teníais	tuvisteis	habéis tenido	tendréis	tendríais	tengáis
ellos	tienen	tenían	tuvieron	han tenido	tendrán	tendrían	tengan
	pretérito pq.perfecto	subj.pret. imperfecto	subj.pret. perfecto	subj.pret. pq.perfecto	futuro perfecto	condicional compuesto	imperativo afirm./neg.
yo	había tenido	tuviera/ tuviese	haya tenido	hubiera tenido	habré tenido	habría tenido	
tú	habías tenido	tuvieras/ tuvieses	hayas tenido	hubieras tenido	habrás tenido	habrías tenido	ten/ no tengas
él	había tenido	tuviera/ tuviese	haya tenido	hubiera tenido	habrá tenido	habría tenido	tenga/ no tenga
nosotros	habíamos tenido	tuviéramos/ tuviésemos	hayamos tenido	hubiéramos tenido	habremos tenido	habríamos tenido	tengamos/ no tengamos
vosotros	habíais tenido	tuvierais/ tuvieseis	hayáis tenido	hubierais tenido	habréis tenido	habríais tenido	tened/ no tengáis
ellos	habían tenido	tuvieran/ tuviesen	hayan tenido	hubieran tenido	habrán tenido	habrían tenido	tengan/ no tengan

Tengo una reunión importante mañana por la mañana. (I have an important meeting tomorrow morning.)

terminar to finish — terminado/terminando

	presente	pretérito imperfecto	pretérito indefinido	pretérito perfecto	futuro	condicional presente	subjuntivo presente
yo	termino	terminaba	terminé	he terminado	terminaré	terminaría	termine
tú	terminas	terminabas	terminaste	has terminado	terminarás	terminarías	termines
él	termina	terminaba	terminó	ha terminado	terminará	terminaría	termine
nosotros	terminamos	terminábamos	terminamos	hemos terminado	terminaremos	terminaríamos	terminemos
vosotros	termináis	terminabais	terminasteis	habéis terminado	terminaréis	terminaríais	terminéis
ellos	terminan	terminaban	terminaron	han terminado	terminarán	terminarían	terminen

	pretérito pq.perfecto	subj.pret. imperfecto	subj.pret. perfecto	subj.pret. pq.perfecto	futuro perfecto	condicional compuesto	imperativo afirm./neg.
yo	había terminado	terminara/ terminase	haya terminado	hubiera terminado	habré terminado	habría terminado	
tú	habías terminado	terminaras/ terminases	hayas terminado	hubieras terminado	habrás terminado	habrías terminado	termina/ no termines
él	había terminado	terminara/ terminase	haya terminado	hubiera terminado	habrá terminado	habría terminado	termine/ no termine
nosotros	habíamos terminado	termináramos/ terminásemos	hayamos terminado	hubiéramos terminado	habremos terminado	habríamos terminado	terminemos/ no terminemos
vosotros	habíais terminado	terminarais/ terminaseis	hayáis terminado	hubierais terminado	habréis terminado	habríais terminado	terminad/ no terminéis
ellos	habían terminado	terminaran/ terminasen	hayan terminado	hubieran terminado	habrán terminado	habrían terminado	terminen/ no terminen

Finalmente terminé de leer el libro después de semanas. (I finally finished reading the book after weeks.)

tocar to play/to tap — tocado/tocando

	presente	pretérito imperfecto	pretérito indefinido	pretérito perfecto	futuro	condicional presente	subjuntivo presente
yo	toco	tocaba	toqué	he tocado	tocaré	tocaría	toque
tú	tocas	tocabas	tocaste	has tocado	tocarás	tocarías	toques
él	toca	tocaba	tocó	ha tocado	tocará	tocaría	toque
nosotros	tocamos	tocábamos	tocamos	hemos tocado	tocaremos	tocaríamos	toquemos
vosotros	tocáis	tocabais	tocasteis	habéis tocado	tocaréis	tocaríais	toquéis
ellos	tocan	tocaban	tocaron	han tocado	tocarán	tocarían	toquen

	pretérito pq.perfecto	subj.pret. imperfecto	subj.pret. perfecto	subj.pret. pq.perfecto	futuro perfecto	condicional compuesto	imperativo afirm./neg.
yo	había tocado	tocara/ tocase	haya tocado	hubiera tocado	habré tocado	habría tocado	
tú	habías tocado	tocaras/ tocases	hayas tocado	hubieras tocado	habrás tocado	habrías tocado	toca/ no toques
él	había tocado	tocara/ tocase	haya tocado	hubiera tocado	habrá tocado	habría tocado	toque/ no toque
nosotros	habíamos tocado	tocáramos/ tocásemos	hayamos tocado	hubiéramos tocado	habremos tocado	habríamos tocado	toquemos/ no toquemos
vosotros	habíais tocado	tocarais/ tocaseis	hayáis tocado	hubierais tocado	habréis tocado	habríais tocado	tocad/ no toquéis
ellos	habían tocado	tocaran/ tocasen	hayan tocado	hubieran tocado	habrán tocado	habrían tocado	toquen/ no toquen

Por favor, no toques los objetos frágiles en la tienda. (Please don't touch the fragile items in the store.)

tomar to take — tomado/tomando

	presente	pretérito imperfecto	pretérito indefinido	pretérito perfecto	futuro	condicional presente	subjuntivo presente
yo	tomo	tomaba	tomé	he tomado	tomaré	tomaría	tome
tú	tomas	tomabas	tomaste	has tomado	tomarás	tomarías	tomes
él	toma	tomaba	tomó	ha tomado	tomará	tomaría	tome
nosotros	tomamos	tomábamos	tomamos	hemos tomado	tomaremos	tomaríamos	tomemos
vosotros	tomáis	tomabais	tomasteis	habéis tomado	tomaréis	tomaríais	toméis
ellos	toman	tomaban	tomaron	han tomado	tomarán	tomarían	tomen

	pretérito pq.perfecto	subj.pret. imperfecto	subj.pret. perfecto	subj.pret. pq.perfecto	futuro perfecto	condicional compuesto	imperativo afirm./neg.
yo	había tomado	tomara/ tomase	haya tomado	hubiera tomado	habré tomado	habría tomado	
tú	habías tomado	tomaras/ tomases	hayas tomado	hubieras tomado	habrás tomado	habrías tomado	toma/ no tomes
él	había tomado	tomara/ tomase	haya tomado	hubiera tomado	habrá tomado	habría tomado	tome/ no tome
nosotros	habíamos tomado	tomáramos/ tomásemos	hayamos tomado	hubiéramos tomado	habremos tomado	habríamos tomado	tomemos/ no tomemos
vosotros	habíais tomado	tomarais/ tomaseis	hayáis tomado	hubierais tomado	habréis tomado	habríais tomado	tomad/ no toméis
ellos	habían tomado	tomaran/ tomasen	hayan tomado	hubieran tomado	habrán tomado	habrían tomado	tomen/ no tomen

Voy a tomar una taza de café para despertarme por la mañana. (I will have a cup of coffee to wake me up in the morning.)

trabajar to work — trabajado/trabajando

	presente	pretérito imperfecto	pretérito indefinido	pretérito perfecto	futuro	condicional presente	subjuntivo presente
yo	trabajo	trabajaba	trabajé	he trabajado	trabajaré	trabajaría	trabaje
tú	trabajas	trabajabas	trabajaste	has trabajado	trabajarás	trabajarías	trabajes
él	trabaja	trabajaba	trabajó	ha trabajado	trabajará	trabajaría	trabaje
nosotros	trabajamos	trabajábamos	trabajamos	hemos trabajado	trabajaremos	trabajaríamos	trabajemos
vosotros	trabajáis	trabajabais	trabajasteis	habéis trabajado	trabajaréis	trabajaríais	trabajéis
ellos	trabajan	trabajaban	trabajaron	han trabajado	trabajarán	trabajarían	trabajen

	pretérito pq.perfecto	subj.pret. imperfecto	subj.pret. perfecto	subj.pret. pq.perfecto	futuro perfecto	condicional compuesto	imperativo afirm./neg.
yo	había trabajado	trabajara/ trabajase	haya trabajado	hubiera trabajado	habré trabajado	habría trabajado	
tú	habías trabajado	trabajaras/ trabajases	hayas trabajado	hubieras trabajado	habrás trabajado	habrías trabajado	trabaja/ no trabajes
él	había trabajado	trabajara/ trabajase	haya trabajado	hubiera trabajado	habrá trabajado	habría trabajado	trabaje/ no trabaje
nosotros	habíamos trabajado	trabajáramos/ trabajásemos	hayamos trabajado	hubiéramos trabajado	habremos trabajado	habríamos trabajado	trabajemos/ no trabajemos
vosotros	habíais trabajado	trabajarais/ trabajaseis	hayáis trabajado	hubierais trabajado	habréis trabajado	habríais trabajado	trabajad/ no trabajéis
ellos	habían trabajado	trabajaran/ trabajasen	hayan trabajado	hubieran trabajado	habrán trabajado	habrían trabajado	trabajen/ no trabajen

Me gusta trabajar en equipo, podemos lograr más juntos. (I like working as a team, we can accomplish more together.)

traer to bring — traído/trayendo

	presente	pretérito imperfecto	pretérito indefinido	pretérito perfecto	futuro	condicional presente	subjuntivo presente
yo	traigo	traía	traje	he traído	traeré	traería	traiga
tú	traes	traías	trajiste	has traído	traerás	traerías	traigas
él	trae	traía	trajo	ha traído	traerá	traería	traiga
nosotros	traemos	traíamos	trajimos	hemos traído	traeremos	traeríamos	traigamos
vosotros	traéis	traíais	trajisteis	habéis traído	traeréis	traeríais	traigáis
ellos	traen	traían	trajeron	han traído	traerán	traerían	traigan

	pretérito pq.perfecto	subj.pret. imperfecto	subj.pret. perfecto	subj.pret. pq.perfecto	futuro perfecto	condicional compuesto	imperativo afirm./neg.
yo	había traído	trajera/ trajese	haya traído	hubiera traído	habré traído	habría traído	
tú	habías traído	trajeras/ trajeses	hayas traído	hubieras traído	habrás traído	habrías traído	trae/ no traigas
él	había traído	trajera/ trajese	haya traído	hubiera traído	habrá traído	habría traído	traiga/ no traiga
nosotros	habíamos traído	trajéramos/ trajésemos	hayamos traído	hubiéramos traído	habremos traído	habríamos traído	traigamos/ no traigamos
vosotros	habíais traído	trajerais/ trajeseis	hayáis traído	hubierais traído	habréis traído	habríais traído	traed/ no traigáis
ellos	habían traído	trajeran/ trajesen	hayan traído	hubieran traído	habrán traído	habrían traído	traigan/ no traigan

¡Tráigame piñacolada, por favor! (Bring me piñacolada, please!)

tratar to try — tratado/tratando

	presente	pretérito imperfecto	pretérito indefinido	pretérito perfecto	futuro	condicional presente	subjuntivo presente
yo	trato	trataba	traté	he tratado	trataré	trataría	trate
tú	tratas	tratabas	trataste	has tratado	tratarás	tratarías	trates
él	trata	trataba	trató	ha tratado	tratará	trataría	trate
nosotros	tratamos	tratábamos	tratamos	hemos tratado	trataremos	trataríamos	tratemos
vosotros	tratáis	tratabais	tratasteis	habéis tratado	trataréis	trataríais	tratéis
ellos	tratan	trataban	trataron	han tratado	tratarán	tratarían	traten

	pretérito pq.perfecto	subj.pret. imperfecto	subj.pret. perfecto	subj.pret. pq.perfecto	futuro perfecto	condicional compuesto	imperativo afirm./neg.
yo	había tratado	tratara/ tratase	haya tratado	hubiera tratado	habré tratado	habría tratado	
tú	habías tratado	trataras/ tratases	hayas tratado	hubieras tratado	habrás tratado	habrías tratado	trata/ no trates
él	había tratado	tratara/ tratase	haya tratado	hubiera tratado	habrá tratado	habría tratado	trate/ no trate
nosotros	habíamos tratado	tratáramos/ tratásemos	hayamos tratado	hubiéramos tratado	habremos tratado	habríamos tratado	tratemos/ no tratemos
vosotros	habíais tratado	tratarais/ trataseis	hayáis tratado	hubierais tratado	habréis tratado	habríais tratado	tratad/ no tratéis
ellos	habían tratado	trataran/ tratasen	hayan tratado	hubieran tratado	habrán tratado	habrían tratado	traten/ no traten

Vamos a tratar de resolver este problema de manera pacífica. (Let's try to solve this problem peacefully.)

usar to use — usado/usando

	presente	pretérito imperfecto	pretérito indefinido	pretérito perfecto	futuro	condicional presente	subjuntivo presente
yo	uso	usaba	usé	he usado	usaré	usaría	use
tú	usas	usabas	usaste	has usado	usarás	usarías	uses
él	usa	usaba	usó	ha usado	usará	usaría	use
nosotros	usamos	usábamos	usamos	hemos usado	usaremos	usaríamos	usemos
vosotros	usáis	usabais	usasteis	habéis usado	usaréis	usaríais	uséis
ellos	usan	usaban	usaron	han usado	usarán	usarían	usen
	pretérito pq.perfecto	subj.pret. imperfecto	subj.pret. perfecto	subj.pret. pq.perfecto	futuro perfecto	condicional compuesto	imperativo afirm./neg.
yo	había usado	usara/ usase	haya usado	hubiera usado	habré usado	habría usado	
tú	habías usado	usaras/ usases	hayas usado	hubieras usado	habrás usado	habrías usado	usa/ no uses
él	había usado	usara/ usase	haya usado	hubiera usado	habrá usado	habría usado	use/ no use
nosotros	habíamos usado	usáramos/ usásemos	hayamos usado	hubiéramos usado	habremos usado	habríamos usado	usemos/ no usemos
vosotros	habíais usado	usarais/ usaseis	hayáis usado	hubierais usado	habréis usado	habríais usado	usad/ no uséis
ellos	habían usado	usaran/ usasen	hayan usado	hubieran usado	habrán usado	habrían usado	usen/ no usen

Por favor, usa guantes al manejar productos químicos. (Please wear gloves when handling chemicals.)

utilizar to use — utilizado/utilizando

	presente	pretérito imperfecto	pretérito indefinido	pretérito perfecto	futuro	condicional presente	subjuntivo presente
yo	utilizo	utilizaba	utilicé	he utilizado	utilizaré	utilizaría	utilice
tú	utilizas	utilizabas	utilizaste	has utilizado	utilizarás	utilizarías	utilices
él	utiliza	utilizaba	utilizó	ha utilizado	utilizará	utilizaría	utilice
nosotros	utilizamos	utilizábamos	utilizamos	hemos utilizado	utilizaremos	utilizaríamos	utilicemos
vosotros	utilizáis	utilizabais	utilizasteis	habéis utilizado	utilizaréis	utilizaríais	utilicéis
ellos	utilizan	utilizaban	utilizaron	han utilizado	utilizarán	utilizarían	utilicen
	pretérito pq.perfecto	subj.pret. imperfecto	subj.pret. perfecto	subj.pret. pq.perfecto	futuro perfecto	condicional compuesto	imperativo afirm./neg.
yo	había utilizado	utilizara/ utilizase	haya utilizado	hubiera utilizado	habré utilizado	habría utilizado	
tú	habías utilizado	utilizaras/ utilizases	hayas utilizado	hubieras utilizado	habrás utilizado	habrías utilizado	utiliza/ no utilices
él	había utilizado	utilizara/ utilizase	haya utilizado	hubiera utilizado	habrá utilizado	habría utilizado	utilice/ no utilice
nosotros	habíamos utilizado	utilizáramos/ utilizásemos	hayamos utilizado	hubiéramos utilizado	habremos utilizado	habríamos utilizado	utilicemos/ no utilicemos
vosotros	habíais utilizado	utilizarais/ utilizaseis	hayáis utilizado	hubierais utilizado	habréis utilizado	habríais utilizado	utilizad/ no utilicéis
ellos	habían utilizado	utilizaran/ utilizasen	hayan utilizado	hubieran utilizado	habrán utilizado	habrían utilizado	utilicen/ no utilicen

Puedes utilizar esta herramienta para arreglar el grifo. (You can use this tool to fix the faucet.)

venir to come — venido/viniendo

	presente	pretérito imperfecto	pretérito indefinido	pretérito perfecto	futuro	condicional presente	subjuntivo presente
yo	vengo	venía	vine	he venido	vendré	vendría	venga
tú	vienes	venías	viniste	has venido	vendrás	vendrías	vengas
él	viene	venía	vino	ha venido	vendrá	vendría	venga
nosotros	venimos	veníamos	vinimos	hemos venido	vendremos	vendríamos	vengamos
vosotros	venís	veníais	vinisteis	habéis venido	vendréis	vendríais	vengáis
ellos	vienen	venían	vinieron	han venido	vendrán	vendrían	vengan

	pretérito pq.perfecto	subj.pret. imperfecto	subj.pret. perfecto	subj.pret. pq.perfecto	futuro perfecto	condicional compuesto	imperativo afirm./neg.
yo	había venido	viniera/ viniese	haya venido	hubiera venido	habré venido	habría venido	
tú	habías venido	vinieras/ vinieses	hayas venido	hubieras venido	habrás venido	habrías venido	ven/ no vengas
él	había venido	viniera/ viniese	haya venido	hubiera venido	habrá venido	habría venido	venga/ no venga
nosotros	habíamos venido	viniéramos/ viniésemos	hayamos venido	hubiéramos venido	habremos venido	habríamos venido	vengamos/ no vengamos
vosotros	habíais venido	vinierais/ vinieseis	hayáis venido	hubierais venido	habréis venido	habríais venido	venid/ no vengáis
ellos	habían venido	vinieran/ viniesen	hayan venido	hubieran venido	habrán venido	habrían venido	vengan/ no vengan

Quiero que vengas conmigo a la fiesta. !Vaya! (I want you to come with me to the party. Wow!)

ver to see — visto/viendo

	presente	pretérito imperfecto	pretérito indefinido	pretérito perfecto	futuro	condicional presente	subjuntivo presente
yo	veo	veía	vi	he visto	veré	vería	vea
tú	ves	veías	viste	has visto	verás	verías	veas
él	ve	veía	vio	ha visto	verá	vería	vea
nosotros	vemos	veíamos	vimos	hemos visto	veremos	veíamos	veamos
vosotros	veis	veíais	visteis	habéis visto	veréis	veríais	veáis
ellos	ven	veían	vieron	han visto	verán	verían	vean

	pretérito pq.perfecto	subj.pret. imperfecto	subj.pret. perfecto	subj.pret. pq.perfecto	futuro perfecto	condicional compuesto	imperativo afirm./neg.
yo	había visto	viera/ viese	haya visto	hubiera visto	habré visto	habría visto	
tú	habías visto	vieras/ vieses	hayas visto	hubieras visto	habrás visto	habrías visto	ve/ no veas
él	había visto	viera/ viese	haya visto	hubiera visto	habrá visto	habría visto	vea/ no vea
nosotros	habíamos visto	viéramos/ viésemos	hayamos visto	hubiéramos visto	habremos visto	habríamos visto	veamos/ no veamos
vosotros	habíais visto	vierais/ vieseis	hayáis visto	hubierais visto	habréis visto	habríais visto	ved/ no veáis
ellos	habían visto	vieran/ viesen	hayan visto	hubieran visto	habrán visto	habrían visto	vean/ no vean

Me gusta ver películas en el cine en lugar de en casa. (I like to watch movies at the cinema instead of at home.)

vivir to live — vivido/viviendo

	presente	pretérito imperfecto	pretérito indefinido	pretérito perfecto	futuro	condicional presente	subjuntivo presente
yo	vivo	vivía	viví	he vivido	viviré	viviría	viva
tú	vives	vivías	viviste	has vivido	vivirás	vivirías	vivas
él	vive	vivía	vivió	ha vivido	vivirá	viviría	viva
nosotros	vivimos	vivíamos	vivimos	hemos vivido	viviremos	viviríamos	vivamos
vosotros	vivís	vivíais	vivisteis	habéis vivido	viviréis	viviríais	viváis
ellos	viven	vivían	vivieron	han vivido	vivirán	vivirían	vivan

	pretérito pq.perfecto	subj.pret. imperfecto	subj.pret. perfecto	subj.pret. pq.perfecto	futuro perfecto	condicional compuesto	imperativo afirm./neg.
yo	había vivido	viviera/ viviese	haya vivido	hubiera vivido	habré vivido	habría vivido	
tú	habías vivido	vivieras/ vivieses	hayas vivido	hubieras vivido	habrás vivido	habrías vivido	vive/ no vivas
él	había vivido	viviera/ viviese	haya vivido	hubiera vivido	habrá vivido	habría vivido	viva/ no viva
nosotros	habíamos vivido	viviéramos/ viviésemos	hayamos vivido	hubiéramos vivido	habremos vivido	habríamos vivido	vivamos/ no vivamos
vosotros	habíais vivido	vivierais/ vivieseis	hayáis vivido	hubierais vivido	habréis vivido	habríais vivido	vivid/ no viváis
ellos	habían vivido	vivieran/ viviesen	hayan vivido	hubieran vivido	habrán vivido	habrían vivido	vivan/ no vivan

Vivo en un pequeño pueblo cerca de la costa. (I live in a small town near the coast.

volver to return — vuelto/volviendo

	presente	pretérito imperfecto	pretérito indefinido	pretérito perfecto	futuro	condicional presente	subjuntivo presente
yo	vuelvo	volvía	volví	he vuelto	volveré	volvería	vuelva
tú	vuelves	volvías	volviste	has vuelto	volverás	volverías	vuelvas
él	vuelve	volvía	volvió	ha vuelto	volverá	volvería	vuelva
nosotros	volvemos	volvíamos	volvimos	hemos vuelto	volveremos	volveríamos	volvamos
vosotros	volvéis	volvíais	volvisteis	habéis vuelto	volveréis	volveríais	volváis
ellos	vuelven	volvían	volvieron	han vuelto	volverán	volverían	vuelvan

	pretérito pq.perfecto	subj.pret. imperfecto	subj.pret. perfecto	subj.pret. pq.perfecto	futuro perfecto	condicional compuesto	imperativo afirm./neg.
yo	había vuelto	volviera/ volviese	haya vuelto	hubiera vuelto	habré vuelto	habría vuelto	
tú	habías vuelto	volvieras/ volvieses	hayas vuelto	hubieras vuelto	habrás vuelto	habrías vuelto	vuelve/ no vuelvas
él	había vuelto	volviera/ volviese	haya vuelto	hubiera vuelto	habrá vuelto	habría vuelto	vuelva/ no vuelva
nosotros	habíamos vuelto	volviéramos/ volviésemos	hayamos vuelto	hubiéramos vuelto	habremos vuelto	habríamos vuelto	volvamos/ no volvamos
vosotros	habíais vuelto	volvierais/ volvieseis	hayáis vuelto	hubierais vuelto	habréis vuelto	habríais vuelto	volved/ no volváis
ellos	habían vuelto	volvieran/ volviesen	hayan vuelto	hubieran vuelto	habrán vuelto	habrían vuelto	vuelvan/ no vuelvan

Después de unas vacaciones relajantes, finalmente volví al trabajo. (After a relaxing vacation, I finally went back to work.)

Grammar Overview

1 GRAMMAR TENSES

1.1 PRESENTE DE INDICATIVO

The present indicative is used to describe actions that are happening now, habitual actions and general truths or facts. For example:

- Voy al cine
- El agua hierve a 100 grados

In addition, the present tense is used to express future actions, as in the following example:

- Mañana voy al médico

There are three Spanish verb endings: -ar, -er, -ir and they are conjugated as follows:

	-ar	-er	-ir
yo	canto	como	decido
tú	cantas	comes	decides
él	canta	come	decide
nosotros	cantamos	comemos	decidimos
vosotros	cantáis	coméis	decidís
ellos	cantan	comen	deciden

There are some verbs that are not regular, among them there are some that have a vowel change in singular and 3rd person plural. For example:

	e → i	e → ie	o → ue	u → ue
yo	pido	pienso	duermo	juego
tú	pides	piensas	duermas	juegas
él	pide	piensa	duerma	juega
nosotros	pedimos	pensamos	dormimos	jugamos
vosotros	pedís	pensáis	dormís	jugáis
ellos	piden	piensan	duermen	juegan

There are some verbs in which in the 1st person singular an additional g is added, such as caer, hacer, poner, salir or valer and there are also some verbs that also add an additional vowel in the 2nd and 3rd person singular and 3rd person plural, such as tener or venir. For example:

	add a g in 1st person	a g is added in the 1st person and there is an vowel in the 2nd and 3rd (sgl) and 3rd (pl).
yo	salgo	tengo
tú	sales	tienes
él	sale	tiene
nosotros	salimos	tenemos
vosotros	salís	tenéis
ellos	salen	tienen

Verbs ending in -acer, -ecer, -ocer, -ucir add an additional z before the c in the 1st person singular, such as complacer, obedecer, conocer, producir. Verbs ending in -ger or -gir change the g in the 1st person singular to j, as for example protect, direct, and verbs ending in -uir add an additional y to the stem of the word in the singular and 3rd person plural, as for example build or include. For example:

	-acer, -ecer, -ocer, -ucir hay zc en la 1ª persona	-ger, -gir g → j (1ª sgl)	-uir hay y extra
yo	ofrezco	recojo	construyo
tú	ofreces	recoges	construyes
él	ofrece	recoge	construye
nosotros	ofrecemos	recogemos	construimos
vosotros	ofrecéis	recogéis	construís
ellos	ofrecen	recogen	construyen

1.2 SER Y ESTAR

Ser is generally used to describe permanent characteristics of a person or thing, such as nationality, profession, physical appearance, or personality. It is also used to indicate the time, date or place of an event. For example:

- Yo soy de México. Soy mexicano
- Él es médico
- Su novia es morena
- Su hermano es muy inteligente
- El examen es el lunes

Estar is used to describe temporary or changing states or conditions, such as location, health, mood, or weather. It can also be used to indicate a result or a change of state. For example:

- Yo estoy en casa
- Ella está enferma
- Estoy cansado
- Hace mucho calor
- El coche está roto

	SER	ESTAR
yo	soy	estoy
tú	eres	estás
él	es	está
nosotros	somos	estamos
vosotros	sois	estáis
ellos	son	están

1.3 PRETÉRITO PERFECTO

The past perfect tense is used to talk about actions or events that occurred in the recent past or that are still relevant in the present. It is formed with the present tense of the verb "haber" and the past participle of the main verb. It is used to talk about:

- Recent past actions and are still relevant.

Me ha llamado un cliente por teléfono

- Actions that have occurred several times and continue to occur

He visto esa película varias veces

- Past actions with *este*

*Mis amigos me han visitado **este fin de semana***

***Este lunes** he tenido que ir a la oficina*

*Nos fuimos de vacaciones a España **este julio***

	haber en presente	participio
yo	he	
tú	has	
él	ha	cantado
nosotros	hemos	comido
vosotros	habéis	vivido
ellos	han	

However, there are some verbs that have irregular participles. For example:

abrir → abierto, absolver → absuelto, cubrir → cubierto, decir → dicho, escribir → escrito, freír → frito, hacer → hecho, imprimir → impreso, morir → muerto, poner → puesto, proveer → provisto, pudrir → podrido, resolver → resuelto, romper → roto, soltar → suelto, ver → visto, volver → vuelto

1.4 PRETÉRITO INDEFINIDO

The preterite indefinite is used to talk about actions or events that happened in the past and are finished, with a definite beginning and end, above all:

- Completed past actions

Fui a un restaurante

- A series of completed past actions

Me desperté temprano, desayuné rápidamente y fui a la escuela

- Past actions at a specified time

Ayer *fui al gimnasio con mis amigos*

La semana pasada *volví de Barcelona*

En el año 2022 *me gradué en la universidad*

	-AR	-ER	-IR
yo	cant**é**	com**í**	decid**í**
tú	cant**aste**	com**iste**	decid**iste**
él	cant**ó**	com**ió**	decid**ió**
nosotros	cant**amos**	com**imos**	decid**imos**
vosotros	cant**asteis**	com**isteis**	decid**isteis**
ellos	cant**aron**	com**ieron**	decid**ieron**

1.5 PRETÉRITO IMPERFECTO

The past imperfect tense is used for:

- Discussing past habits and repeated actions

Cuando era niño, todos los días paseaba por el parque.

- Describing things in the past

Era un día caluroso y hacía sol

El pretérito imperfecto tiene una conjugación muy regular:

	-AR	-ER	-IR
yo	cant**aba**	com**ía**	dec**ía**
tú	cant**abas**	com**ías**	dec**ías**
él	cant**aba**	com**ía**	dec**ía**
nosotros	cant**ábamos**	com**íamos**	dec**íamos**
vosotros	cant**abais**	com**íais**	dec**íais**
ellos	cant**aban**	com**ían**	dec**ían**

And it has only 3 irregular verbs:

	ir	ser	ver
yo	iba	era	veía
tú	ibas	eras	veías
él	iba	era	veía
nosotros	íbamos	éramos	veíamos
vosotros	ibais	erais	veíais
ellos	iban	eran	veían

1.6 PRETÉRITO PQ.PERFECTO

The past perfect tense is used to express the order of actions in the past: For example:

La reunión había sido programada para las 10 de la mañana, pero empezó a las 11.

	haber in imperfecto	participio
yo	**había**	
tú	**habías**	
él	**había**	cant**ado**
nosotros	**habíamos**	com**ido**
vosotros	**habíais**	viv**ido**
ellos	**habían**	

1.7 FUTURO SIMPLE

The simple future is used to express actions or events that will take place in the future. For example:

○ *El sábado cocinaré una cena especial para mi familia*

○ *Probablemente nevará mañana por la noche*

○ *En el futuro, la medicina avanzará mucho y habrá tratamientos para enfermedades que hoy son incurables*

yo	cantar**é**
tú	cantar**ás**
él	cantar**á**
nosotros	cantar**emos**
vosotros	cantar**éis**
ellos	cantar**án**

Some verbs are irregular. For example: caber → cabr-, decir → dir-, haber → habr-, hacer → har-, poder → podr-, poner → pondr-, querer → querr-, saber → sabr-, salir → saldr-, tener → tendr-, valer → valdr-, venir → vendr-

1.8 FUTURO PERFECTO

The future perfect is used to describe an action that most probably will have been completed before a specific point in the future.

yo	**habré**	
tú	**habrás**	
él	**habrá**	**cantado**
nosotros	**habremos**	**comido**
vosotros	**habréis**	**vivido**
ellos	**habrán**	

2 CONDICIONAL

2.1 CONDICIONAL SIMPLE

The conditional is a verb form used to express hypothetical or unreal situations in the present or future. It is often used to talk about possibilities, preferences or suggestions, as well as to make polite requests or express uncertainty.

yo	cantar**ía**
tú	cantar**ías**
él	cantar**ía**
nosotros	cantar**íamos**
vosotros	cantar**íais**
ellos	cantar**ían**

2.2 CONDICIONAL PERFECTO

The conditional perfect is used to talk about past actions that could have happened but didn't.

yo	habría	
tú	habrías	
él	habría	cantado
nosotros	habríamos	comido
vosotros	habríais	vivido
ellos	habrían	

3 SUBJUNTIVO

The subjunctive is used to express various states of unreality, e.g.:

- to express doubt, uncertainty or the possibility of something happening

  Dudo que tenga suficiente experiencia para el puesto

- to express emotions and attitudes such as surprise, joy, sadness, or grief

  Me entristece que se vaya tan pronto

- to express wishes, suggestions or requests

  Le deseo éxito en su examen de conducir

It is important to recognize that the subjunctive is very often used when the subject of the main sentence is different from that of the subordinate. If the subject is the same, it is usually better to simplify the sentence and not use the subjunctive, e.g.

Me gustaría ser más alto (Me gustaría que (ella) fuera más alto)
Estoy feliz de ir a Francia (Me alegro de que vayas a España)

3.1 PRESENTE DE SUBJUNTIVO

The subjunctive present is used to express desires, recommendations, doubts, uncertainty, or hypothetical situations in the present.

	-AR	-ER	-IR
yo	estudie	coma	escriba
tú	estudies	comas	escribas
él	estudie	coma	escriba
nosotros	estudiemos	comamos	escribamos
vosotros	estudiéis	comáis	escribáis
ellos	estudien	coman	escriban

3.2 PRETÉRITO PERFECTO DE SUBJUNTIVO

The preterite perfect subjunctive is used to express actions or events that have occurred in the past but are relevant to the present, often in dependent clauses following certain verbs or expressions.

yo	haya	
tú	hayas	
él	haya	cantado
nosotros	hayamos	comido
vosotros	hayáis	decidido
ellos	hayan	

3.3 PRETÉRITO IMPERFECTO DE SUBJUNTIVO

The preterite imperfect subjunctive is used to express actions or states in the past that are hypothetical, uncertain, or contrary to reality, often in dependent clauses introduced by conjunctions like "si" (if) or expressions of doubt, desire, or recommendation.

	-AR	-ER	-IR
yo	cantara	comiera	decidiera
tú	cantaras	comieras	decidieras
él	cantara	comiera	decidiera
nosotros	cantáramos	comiéramos	decidiéramos
vosotros	cantarais	comierais	decidierais
ellos	cantaran	comieran	decidieran
yo	cantase	comiese	decidiese
tú	cantases	comieses	decidieses
él	cantase	comiese	decidiese
nosotros	cantásemos	comiésemos	decidiésemos
vosotros	cantaseis	comieseis	decidieseis
ellos	cantasen	comiesen	decidiesen

3.4 PRETÉRITO PQ.PERFECTO DE SUBJUNTIVO

The preterite pluperfect subjunctive is used to express actions or events that had occurred before another past action or event, often in dependent clauses introduced by conjunctions like "si" (if) or expressions of doubt, regret, or hypothetical situations.

yo	hubiera	/ hubiese	
tú	hubieras	/ hubieses	
él	hubiera	/ hubiese	cantado
nosotros	hubiéramos	/ hubiésemos	comido
vosotros	hubierais	/ hubieseis	decidido
ellos	hubieran	/ hubiesen	

4 IMPERATIVO

The imperative is used to give commands, make requests, or offer instructions in the present tense.

	IMPERATIVO AFIRM./NEG.		
	-AR	-ER	-IR
yo	Ø	Ø	Ø
tú	canta	come	decide
él	cante	coma	decida
nosotros	cantemos	comamos	decidamos
vosotros	cantad	comed	decidid
ellos	canten	coman	decidan

	IMPERATIVO NEGATIVO		
yo	Ø	Ø	Ø
tú	no grites	no bebas	no escribas
él	no grite	no beba	no escriba
nosotros	no gritemos	no bebamos	no escribamos
vosotros	no gritéis	no bebáis	no escribáis
ellos	no griten	no beban	no escriban

Some verbs are irregular. For example: decir -> di, hacer -> haz, ir -> ve, poner -> pon, salir -> sal, ser -> sé, tener -> ten, venir -> ven

Index

to accept - aceptar
to accompany - acompañar
to achieve - cumplir
to achieve - lograr
to acquire - adquirir
to act - actuar
to add - agregar
to add - añadir
to affect - afectar
to affirm - afirmar
to allow - permitir
to announce - anunciar
to appear - aparecer
to apply - aplicar
to approach - acercar
to arise - surgir
to arrive - llegar
to ask - preguntar
to assume - suponer
to attempt - intentar
to avoid - evitar
to be - estar
to be - ser
to be able to - poder
to be born - nacer
to begin - empezar
to believe - creer
to break - romper
to bring - traer
to build - construir
to buy - comprar
to call - llamar
to carry - llevar
to carry out - realizar
to celebrate - celebrar
to change - cambiar
to choose - elegir
to close - cerrar
to collect - recoger
to come - venir
to compel - obligar
to confront - enfrentar
to consider - considerar
to constitute/to make up - constituir
to contain - contener
to continue - continuar
to convert - convertir
to correspond - corresponder
to count - contar
to cover - cubrir
to create - crear
to decide - decidir
to declare - declarar

to dedicate - dedicar
to defend - defender
to define - definir
to deliver - entregar
to demand - exigir
to demonstrate - demostrar
to deny - negar
to depend - depender
to determine - determinar
to develop - desarrollar
to die - morir
to disappear - desaparecer
to discover - descubrir
to do - hacer
to drive - conducir
to eat - comer
to ensure - asegurar
to enter/to get in - entrar
to enter/to put - meter
to establish - establecer
to exist - existir
to explain - explicar
to express - expresar
to fall - caer
to feel - sentir
to find - encontrar
to find - hallar
to finish - acabar
to finish - terminar
to follow - seguir
to forget - olvidar
to form - formar
to gather/to meet - reunir
to get - conseguir
to get up - levantar
to give - dar
to go - ir
to go out - salir
to grow - crecer
to have - haber
to have - tener
to have at disposal - disponer
to hear - oír
to help - ayudar
to highlight/to stand out - destacar
to hold/to support - sostener
to imagine - imaginar
to impose - imponer
to include - incluir
to increase - aumentar
to indicate - indicar
to insist - insistir
to kill - matar
to know - conocer
to know - saber

to lack/to miss - faltar
to launch - lanzar
to lead - dirigir
to leave - dejar
to like - gustar
to listen - escuchar
to live - vivir
to look - mirar
to lose - perder
to lower/to get out - bajar
to maintain - mantener
to manifest - manifestar
to mean - significar
to meet/to be left - quedar
to move - mover
to must - deber
to need - necesitar
to notice - observar
to obtain - obtener
to occupy - ocupar
to occur - ocurrir
to offer - ofrecer
to open - abrir
to overcome - superar
to own - poseer
to pay - pagar
to place - colocar
to play - jugar
to play/to tap - tocar
to point - señalar
to prefer - preferir
to prepare - preparar
to pretend - pretender
to prevent - impedir
to produce - producir
to propose - proponer
to put - poner
to raise - plantear
to reach - alcanzar
to read - leer
to receive - recibir
to recognize - reconocer
to reduce - reducir
to refer - referir
to remain/to stay - permanecer
to remember - recordar
to remove - quitar
to repeat - repetir
to reply - responder
to report - informar
to represent - representar
to request - pedir
to require - requerir
to resolve - resolver
to return - regresar

to return - volver
to run - correr
to say - decir
to search - buscar
to see - ver
to seem - parecer
to send - enviar
to serve - servir
to show - mostrar
to sit - sentar
to sleep - dormir
to start - iniciar
to start/to begin - comenzar
to stop/to arrest - detener
to study - estudiar
to succeed/to happen - suceder
to suffer - sufrir
to support - apoyar
to take - tomar
to take out - sacar
to talk - hablar
to think - pensar
to throw - echar
to try - tratar
to turn out to be - resultar
to understand - comprender
to understand - entender
to upload/to increase - subir
to use - usar
to use - utilizar
to usually do - soler
to wait/to hope - esperar
to walk - andar
to want - querer
to want/to wish - desear
to warn - advertir
to win/to gain - ganar
to work - trabajar
to write - escribir